博古圖録考正

（第一册）

电子科技大学出版社

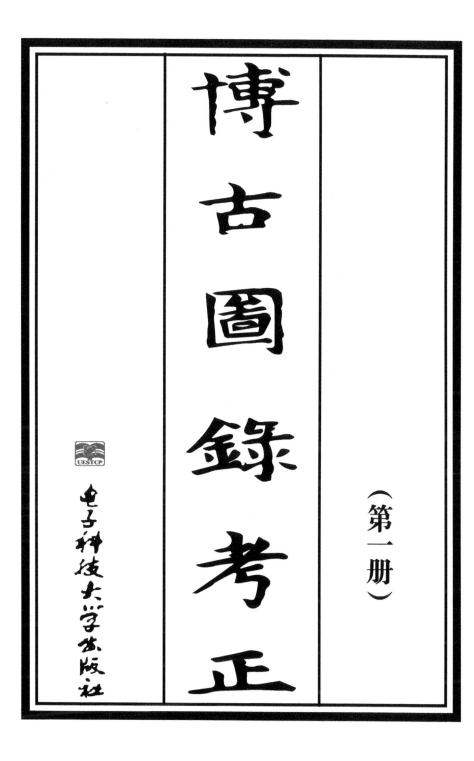

图书在版编目（CIP）数据

博古图录考正：全5册／（宋）王黼编纂．-- 成都：
电子科技大学出版社，2017.10
ISBN 978-7-5647-5183-8

Ⅰ．①博… Ⅱ．①王… Ⅲ．①金石学－古籍－汇编－
中国 Ⅳ．① K877.2

中国版本图书馆CIP数据核字(2017)第239333号

博古图录考正（全5册）
（宋）王 黼 编纂

策划编辑 刘 愚 杜 倩
责任编辑 刘 愚

出版发行 电子科技大学出版社
成都市一环路东一段159号电子信息产业大厦九楼 邮编 610051
主 页 www.uestcp.com.cn
服务电话 028-83203399
邮购电话 028-83201495

印 刷 虎彩印艺股份有限公司
成品尺寸 185 mm×260 mm
印 张 149.25
字 数 1200千字
版 次 2017年10月第1版
印 次 2017年10月第1次印刷
书 号 ISBN978-7-5647-5183-8
定 价 3980.00（全5册）

出版説明

現代漢語用『圖書』表示文獻的總稱，這一稱謂可以追溯到古史傳説時代的河圖、洛書。在從古到今的文化史中，圖像始終承擔着重要的文化功能。傳説時代的大禹『鑄鼎象物』，將物怪的形象鑄到鼎上，使『民知神奸』。在《周易》中也有『制器尚象』之説。一般而論，文化生活皆有與之對應的物质層面的表现。在中國古代文獻研究活動中，學者也多注意器物、圖像的研究，如《詩》中的草木、鳥獸，《山海經》中的神靈物怪，《禮儀》中的禮器、行禮方位等，學者多畫爲圖像，與文字互相印證，成爲經學研究中的『圖説』類著述。至宋元以後，庶民文化興起，出版業高度發達，版刻印刷益發普及，在普通文獻中也逐漸出現了圖像資料，其中廣泛地涉及植物、動物、日常的物質生産程序與工具、平民教化等多個方面，其中流傳至今者，是我們瞭解古代文化的重要憑藉，通過這些圖文並茂的文本，讀者可以獲得對古代文化生動而直觀的感知。爲了方便讀者閲讀，我們將古代文獻中有關圖像、版畫、彩色套印本等文獻輯爲叢刊正式出版。

本編選目兼顧文獻學、古代美術、考古、社會史等多個種類，範圍廣泛，版本選擇也兼顧了古代東亞地區漢文化圈的範圍。圖像在古代社會生活中的一大作用爲促進平民教化，即古人所謂的『圖像古昔，以當箴規』，（語出何宴《景福殿賦》）明清以來，民間勸善之書，如《陰騭文》《閨范》等，皆有圖解，其中所宣揚的古代道德意識中的部分條目固然爲我們所不取，甚至應該是批判的對象，但其中多有精美的版畫，除了作爲古代美術史文獻以外，也可由此考見古代一般平民的倫理意識，實爲社會史研究的重要材料。

本編擬目涉及多種類型的文獻，兹輯爲叢刊，然亦以單種别行為主，只有部分社會史性質的文本，因爲篇卷無多，若獨立成册則面臨裝幀等方面的困難，則取同類文本合爲一册。文獻卷首都新編了目録以便檢索，但爲了避免與書中内容大量重複，無謂地增加篇幅，有部分新編目録較原書目録有所簡略，也有部分文本性質特殊，原書中本無卷次目録之類，則約舉其要，新擬條目，其擬議未必全然恰當。所有文獻皆影印，版式色澤，一存古韻。

《博古圖録考正》總目録

三十卷（宋）王黼　撰　明萬曆二十四年遂州鄭樸校刊本

第一册

第二册

第三册

第四册

第五册

第一册目録

博古圖錄序

粵稽趙宋時維宣和稱季溺古蒐剔罔漏兵燹攸遺丘隴攸秘彝鼎卮盂悉耀于奧渫苞括膏沃俾勿去

几筵厥有藝祖毖𢦏曆服

鐘簴鈞石曰崩解畀于匪

類尚書傳曰不役耳目百

度惟貞亦曰不貴異物賤

用物民乃足宋式情焉博

物蕩心昌其有極於戲异
㦲若管我伯禹範金九鼎
圖八荒怪物愳民勿習間
之我尼父寔辨肅慎氏之
矢歎息于觚㦲入廟每事

問一物匆知君子式醴爾
博古猥圖荒兹大道時庸
推繹蓄義不尠殷商首質
成周崇文質盡人官文涵
渾渾贏漢去古時世未適

尚堅樸于纖續其後則否
我則考時犧題皃首饕形
麐跗上躋公宮下陳壺奧
事以象物物以繫名類無
淆則名無亂官我則裁義

彤弓弨弨爰藏在笥鍥釜
勒鼎亟旌勛伐為後世觀
型以起在位我則卜忠肸
嚮縣[illegible]齋室容邃其有宗
德貽尒子孫爰作特器曰

我毋敢褻尚毋恫𢦏我則
著孝驪灰阜辟載毀戈重
籍墳謨典猶或缺喪廼凸
于趺廼凹于腰邃義奇文
不一而足我則補亡科斗

而降斯邈之先禹碑孔碣
式拱壁是伍陰款陽識具
鑒列槃盤鳥跡露章是以
有垂于古畫我則翼頡鳴
呼邈矣器體彰煌意義緯

繣古人有心忖度伊我鑒
揞具嚴我則勿遑咨于底
裡質形氣貌娛尔心目歸
女聘媵貿珠得櫝具訓于
有宋亦曰利哉愽識洽見

士者不廢是究是啚豈其
然矣
萬曆丙申十月朔
遂州鄭樸

重刊博古圖序

古人制器取法于象百工司之類以義起日用咸備所以周天下之用而已追考之三后以来圖書如詩書左氏所載則又不徒用也其郊廟朝著吉凶慶恤鄉閭比伍服御器用徃徃臣下爲君上監制子孫爲父祖專設至其銘款咸祝祈壽祉期之世世甚而用之酬功德以爲賞典須侯牧以爲世守上下貢賚

動以名器爲重如關鞏之甲密須之鼓宣后
肈鑑之器先吴壽夢之鼎之類是也何也盖
爾時天地之運淳渾而作徳養才者備故不
特枀擬畫神慵愉成化作則垂憲而已雖器
用之類亦未有不順軌畫制者矣試以伍金
之範流傳人間者觀之或嘉宴犧象或清廟
彝鼎以至於壺罍舟卣敦觚鬲鍑之屬其銘
識則鐘鼎魚鳥之文其賁飾則雲雷龍鳳之

象其形制則方圓高下之式舉纖麗而合中正古質而寓工巧以養以戒均有取義焉稽之後世大工者則溢巧大樸者或駁畧故孔子所以有不觚之嘆也嗚呼法脈法器古人非所以爲麗也惟心一于正則於是皆不苟焉推之于大者其先王仁政之形井田學校封建禮樂之類意者皆其心神之玅也是以形而傳彼典籍今亦耿耿也有志者考古人

之器則由是而知古人之政矣宣和收錄其志恐專爲器焉噫爲器則敝矣予若是籍艱于好古者爰屬掌鹽司者黄君景星再博佳木而翻刊之是亦孔子存羊之意焉若曰玩物喪志則予不敢

大明嘉靖七年歲在戊子菊月望日樂安蔣暘序

博古圖録考正卷第一

鼎鼒總説

鼎一二十六器

商

父乙鼎銘三十字

瞿父鼎銘二字

子鼎銘一字

庚鼎銘一字

癸鼎銘一字

乙毛鼎銘二字

召夫鼎銘八字

亞虎父丁鼎銘四字

册命鼎銘一十一字

父己鼎銘三字

持刀父己鼎銘三字

父癸鼎一銘四字

立戈鼎銘一字

立戈父甲鼎銘三字

横戈父癸鼎銘四字

綦鼎銘三字

象形鼎銘一字

公非鼎銘一字

總說

周易六十四卦莫不有象而獨於鼎言象者聖人蓋有以見天下之賾而擬諸形容象其物宜是故謂之象至於近取諸身遠取諸物仰以觀於天俯以察於地擬而象之百物咸備以通神明之德以類萬物之情故圖以象乎陽方以象乎陰三足以象三公四足以象四輔黃耳以象才之中金鉉以象才之斷象

饕餮以戒其貪象蜼形以寓其智作雲雷以
象澤物之功著夔龍以象不測之變至於牛
鼎羊鼎豕鼎又各取其象而飾焉則鼎之為
器衆體具矣不特以木巽火得養人之象而
已故聖人惟以鼎為象厥鼎大者謂之鼐圜
弇上謂之鼒附耳外謂之釴曰崇曰貫則名
其國也曰讒曰刑則著其事也曰牢曰陪則
設之異也曰神曰寶則重之極也士以鐵大

夫以銅諸侯以白金天子以黃金飾之辨也
天子九諸侯七大夫五士三數之別也牛羊
豕魚腊腸胃膚鮮魚鮮腊用之殊也然歷代
之鼎形制不一有腹著饕餮而間以雷紋者
父乙鼎父癸鼎之類是也有鍊色如金著飾
簡美者辛鼎癸鼎之類是也有緣飾旋花奇
古可愛者象形鼎橫戈父癸鼎之類是也有
容布花雲或作雲雷迅疾之狀者晉姜鼎雲

雷鼎之類是也有隱起饕餮間以虁龍或作細乳者亞虎父丁鼎文王鼎王伯鼎之類是也或如盂鼎之侈口中鼎之無文伯碩史頙鼎之至大金銀錯鼒之絶小或自方如簠或分底如鬲或設蓋如敦有大小不同而制作一體有款識雖異而形制不殊或造於一時或沿於異代按而求之若辨黑白大抵古人用意皆有規模豈特為觀美哉若乃款識名

氏雖曰夏商從高陽之質以名為號配以十干而加之以父然齊有丁公乙公癸公幽公之弟曰乙齊悼之子曰壬則十干之配未必皆夏商也周大夫有嘉父宋大夫有孔父齊頃之臣有丑父召公之後有父乙則加之以父未必皆夏商也至於形之圜者如父癸季娟形之方者如文王單景其銘廼曰作尊彝作從彝何也蓋先王之時作奇技奇器者罪

不容誅用器不中度者不鬻於市戒在於作為淫巧以法度為繩約要使其器可尊其度可法而後已是以沈子作盉而銘曰寶尊盉金父作敨而銘曰尊敨父已作彝而銘曰尊彝虢叔作鬲而銘曰尊鬲則於鼎曰尊者為其器可尊耳非六尊之尊也鴈婦作鬲而銘之曰彝父辛作卣而銘亦曰彝伯所作者舟也鬲也甗也皆以彝銘之單所作者舟也彝

也盉也亦皆以彝銘之則於鼎曰彝者為其度可法爾非六彝之彝也故左丘明外傳稱法度之器曰彝器邢昺疏爾雅亦謂彝為法則尊彝者禮器之總名猶戈矛劒戟其用不同而總謂之兵匏土革木其音不一而總謂之樂爾然則器非尊彝而以尊彝為銘者又不可不辨也夫牛首之鑄泗水之亡雖不復見然歷代所寶為時而出者莫知其極惟考

彝制作參稽字畫推原而審訂之則物象之多名氏所疑與夫無款識者將大判於今日矣

宣和愽古圖録一書乃好古考信之助舊刻卷袠頗大即庋置無妨而橐携稱苦矣予始改删減畱凡摹式花紋款識銘籀則不敢遺舊刻緇黍也至若名物之稍乖器目之不協字釋之或訛剥泐之或缺具叅彝元本多方訂正或可以秘蔡帳而内巾箱乎然掛漏之愳政自不免搜羅剔誤益光雅事不無望于好古君子云

鄭樸再題

商父乙鼎

庚午王命寢廟辰
見北田四品十二月作
冊友史錫賴貝
用作父乙尊○冊冊

右高七寸耳高一寸二分闊一寸四分深三寸口徑五寸六分腹徑六寸容二升六合重闕字一斤十兩三足銘三十字按友史者太史也闕字二者如成王稱太史友之類所以尊之也闕字二太史順時覛土蓋農官耳說文曰房星闕字二田候也令曰辰見則農當舉趾故命以北田四品所以授民時也昔者貨貝而寶龜曰錫賴貝者說文以賴為贏言錫貝之多也

此商人作之以享父乙於寢廟而言乃及此者蓋寢廟宗廟也書曰用命賞于祖在宗廟之中作册以錫有功是亦賞于祖之意乙之號其在商也有天乙有祖乙有小乙有武乙而惟太丁之子止曰乙且此言父乙蓋不知其為何乙也

商瞿父鼎

瞿父

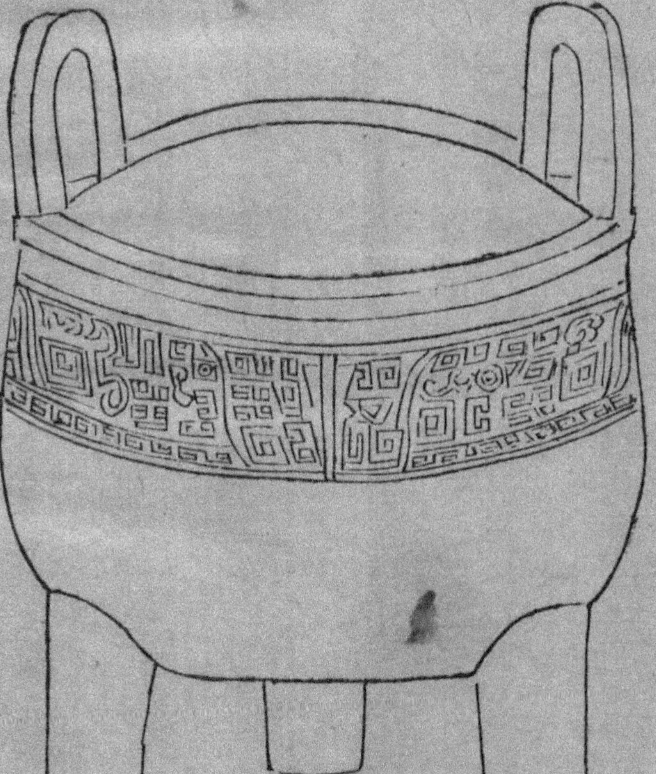

右高五寸二分耳高一寸闊一寸二分深三寸二分口徑五寸腹徑五寸二分容二升二合重二斤十有四兩三足銘二字曰瞿父商器以父銘者多矣瞿則莫詳其為誰𣂟瞿作兩目與商瞿祖丁卣之兩目相似固未易以名氏考也是器耳足純素無紋純緣之外作雷紋饕餮歷年滋多如碧玉色宜為商器也

商子鼎

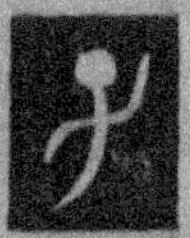

子

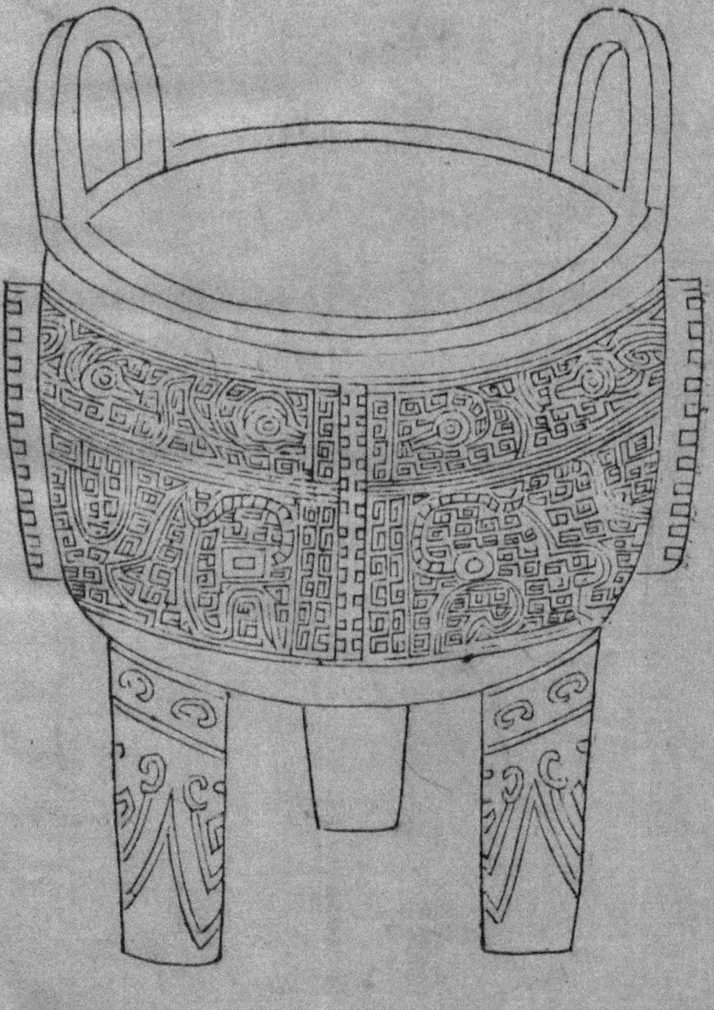

右高四寸六分耳高一寸闊一寸一分深二寸八分口徑三寸八分腹徑五寸二分容一升二合重一斤十有二兩三足銘一字曰子一說商子姓故凡商之彝器其以子銘之者為多一說銘之子者以傳子子孫孫之義是器字畫簡古必周以前物三面為饕餮狀足作垂花而古色凝綠在商器中稍加文蓋其盛時物也

商庚鼎

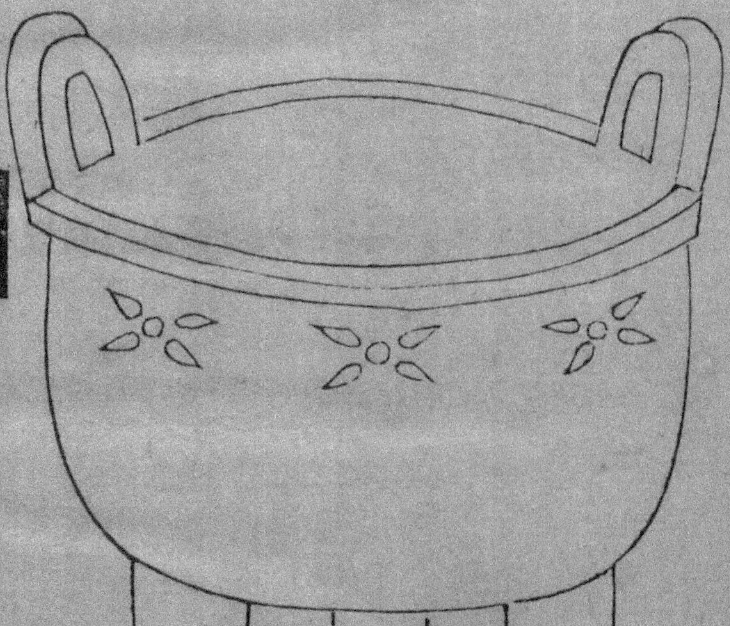

庚

高五寸六分耳高一寸闊一寸二分深三寸五分口徑五寸三分腹徑五寸八分容二升四合重二斤十有三兩三是銘一字

商癸鼎

癸

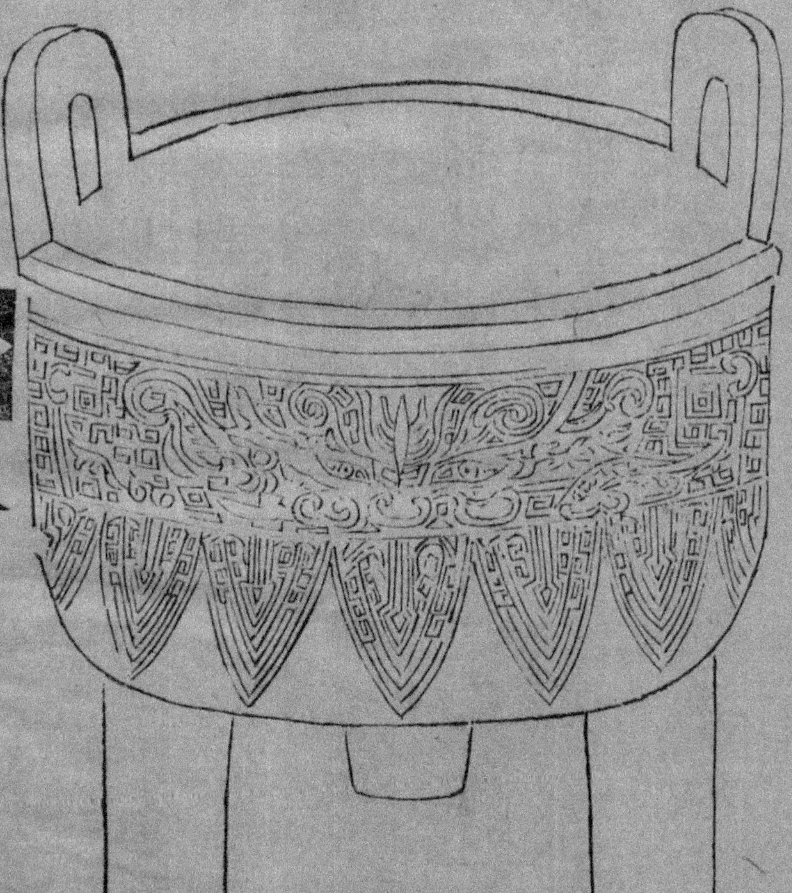

高七寸八分耳高一寸闊一寸八分深四寸
九分口徑七寸六分腹徑八寸二分容八升
重九斤十有二兩三是銘一字
右二器其一以庚名之許慎云庚者秋時萬
物庚庚有實故其字作垂實之象焉其一則
爲癸而癸之字今從四中此癸則一中三包
蓋癸與丑相次物至是有紐結而未引達之
象蓋萬物之出也草昧而已草者至巽而齊

昧者至离而明癸正北方而冬也故一中河
圖洛書三代傳寶而夏商為近故書畫之法
未分至篆法既立乃本其意而四中馬自漢
楊雄許慎博群書窮訓詁而智不及知無此
鼎則造書之精義與旨孰得而窺之銅色爍
然若金紋作龍虎班固詩曰洛修貢兮川效
珍吐金景兮歊浮雲寶鼎現兮色紛紛煥其
炳兮被龍文今眼角鬣尾龍事略具象物之

法雅而不迫蓋如此此肰商有盤庚祖庚祿父庚此鼎之作不知何庚也癸則湯之父主癸也按陶隱居刀劒錄云夏孔甲采牛首山鐵鑄一劒銘曰甲則一字之銘通乎夏商要非周物也

商乙毛鼎

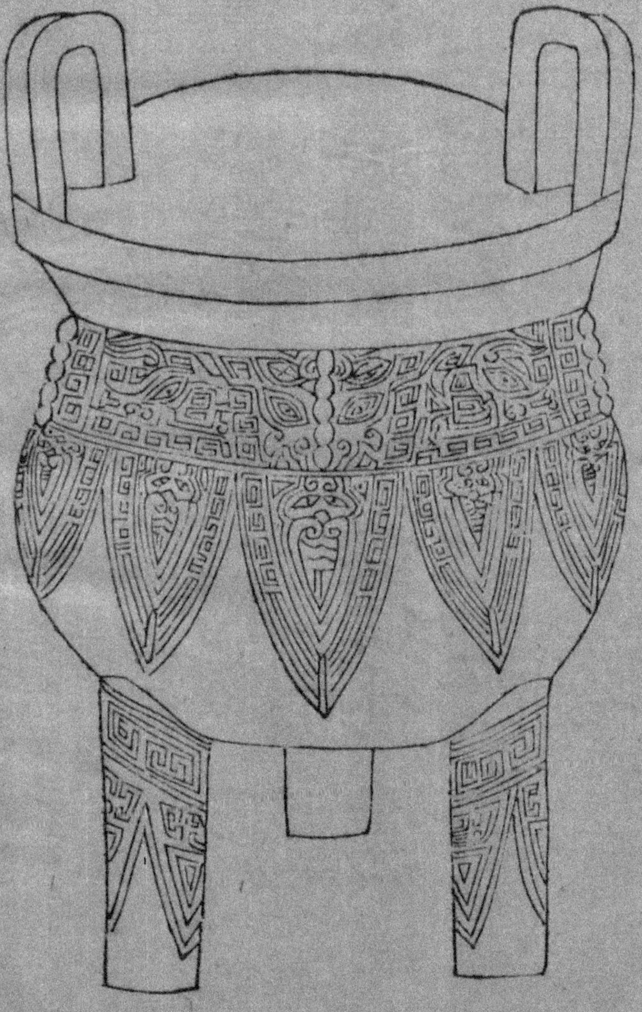

乙毛

右高五寸五分耳高一寸二分闊一寸三分深三寸六分口徑五寸二分腹徑五寸五分容二升二合重三斤七兩三足銘二字曰毛者言薦饗之物凡澗溪沼沚之毛蘋蘩蘊藻之菜蓋亦無所不用故昔人謂五蔬不熟曰

饉則疏於飲食間所不可後是鼎蓋芼羹之用於是以毛目之曰乙者商之有天乙祖乙小乙武乙太丁之子乙今銘乙則太丁之子肰腹有蟬紋脰飾饕餮間之雲雷亦以貪者懲也肰則昔人遠取諸物良有旨哉

商召夫鼎

亞形中召夫子辛月。

右高五寸九分耳高一寸二分深三寸二分口徑長五寸一分闊三寸九分腹徑長五寸闊三寸八分容二升三合重四斤十有二兩四足銘八字內一字不可辨召夫於經傳無所考商冊命鼎亦著此銘殆一時所作猷校其款識無室字而作亞形內著召夫是亦廟器也

商亞虎父丁鼎

亞形中虎父丁

右高六寸四分耳高一寸二分闊一寸二分
深三寸三分口徑長五寸五分闊四寸一分
腹徑長五寸六分闊四寸二分容二升有半
重五斤九兩四足銘四字亞形内著虎象凡
如此者皆為亞室而亞室者廟室也廟之有
室如左氏所謂宗祏而杜預以謂宗廟中藏
主石室者是也父丁商號也飾之虎所以取
其義如司尊彝用虎彝以為追享之器蓋亦

見其義之至耳商以此銘鼎至周監二代而
損益之以致詳辨故獨有取於彝云

商冊命鼎

亞形中召夫室父癸午刋○

冊命

右高七寸耳高一寸五分闊一寸三分深三寸二分口徑長五寸一分闊三寸八分腹徑長五寸二分闊四寸九分容二升三合重四斤一兩四足銘一十一字昔周穆王命畢公而曰作冊畢則冊命者為冊書以命之也亞形內召夫二字而繼之以室則為廟器也抑又明矣

商父己鼎

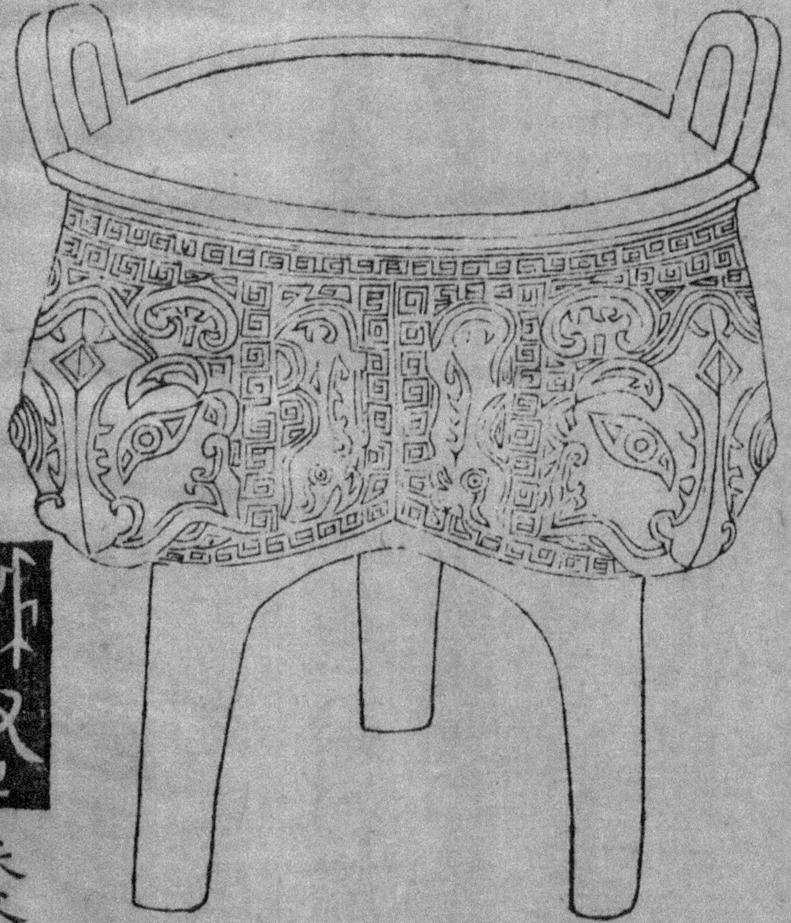

禾父己

右高五寸七分耳高一寸一分闊一寸三分深三寸口徑五寸腹徑五寸二分容二升三合重三斤一兩三足銘三字一字作禾形二字曰父已後世傳習之謬而以斝彝畫禾稼其上雖一時俗學之陋固亦有自來矣父已商已也今所收父已彝而一字持戟形大抵商器類取諸物以為形似蓋書法未備而篆籀未分也是器耳是純素三面為饕餮而間之雷紋文鏤與父已彝近似之其一代物也

商持刀父己鼎

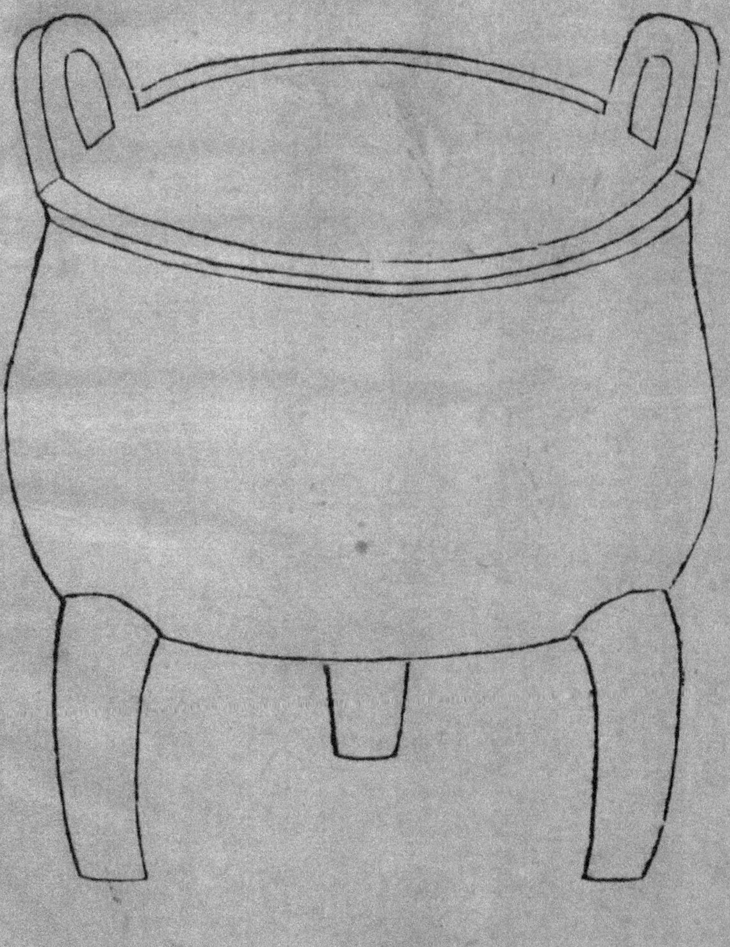

子形持刀父己

右高五寸一分耳高一寸二分闊一寸四分深三寸三分口徑五寸腹徑五寸五分容二升五合重二斤六兩三是銘三字按三代之間惟商爲尊神凡於祭祀必致其盡故於鼎間作子象以持刀非特鼎也尊之與卣悉著

此焉盖供子職者不如是不足以見其竭力
從事之意是以先王之事親於羞嚌則執鸞
刀入舞則執干戚至於耤田則秉耒焉必躬
必親每每如此又況尊神之世乎迹其商世
曰父已者雍已也凡鼎彝用啚其父則必識
以其子繼雍已者乃其弟太戊則所謂子果
誰耶豈非繼其後者乃為之子耶

商父癸鼎一

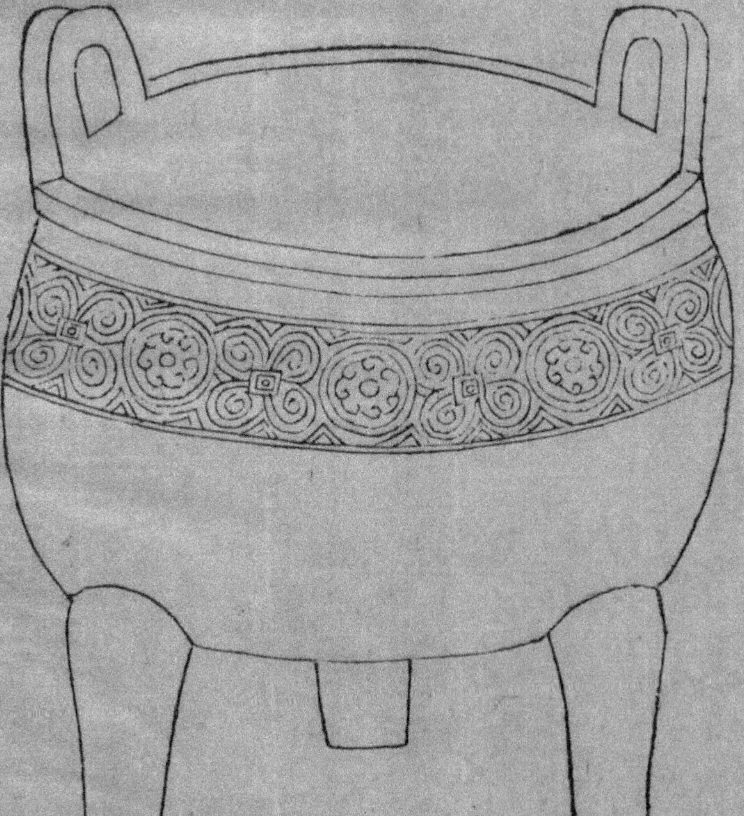

博古一

廿三

兕形
孫執弓
父癸

高五寸五分耳高一寸三分闊一寸五分深三寸四分口徑四寸四分腹徑四寸八分容一升九合重二斤三兩三足銘四字

商父癸鼎二

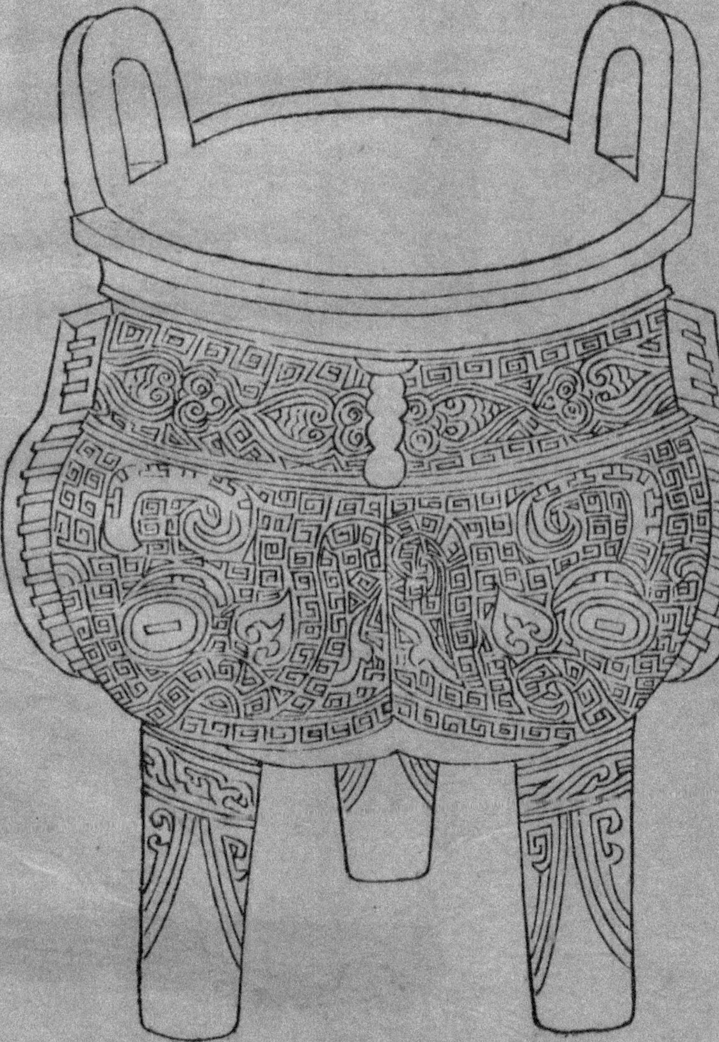

戈穿貝
父癸

高五寸九分耳高一寸四分闊一寸五分深
三寸四分口徑四寸八分腹徑五寸六分容
二升三合重五斤十有二兩銘三字
右二器皆曰父癸第一器曰孫旁作兒形昔
人嘗取兒角以為觥曰兒觥鄗璞有山海圖

贊曰皮充武備角助文德古人取於兕者如此又皆作持弓狀蓋九䠶之禮必寓之以䠶而弧矢者男子之事鼎之設飾豈無意乎第二器作立戈狀蓋商有所謂父癸尊者作立戈有所謂父癸鼎者作橫戈有所謂父癸卣者作執戈器之畫戈爲所取小之義此類銘戈形出一時之制也

商蠆鼎

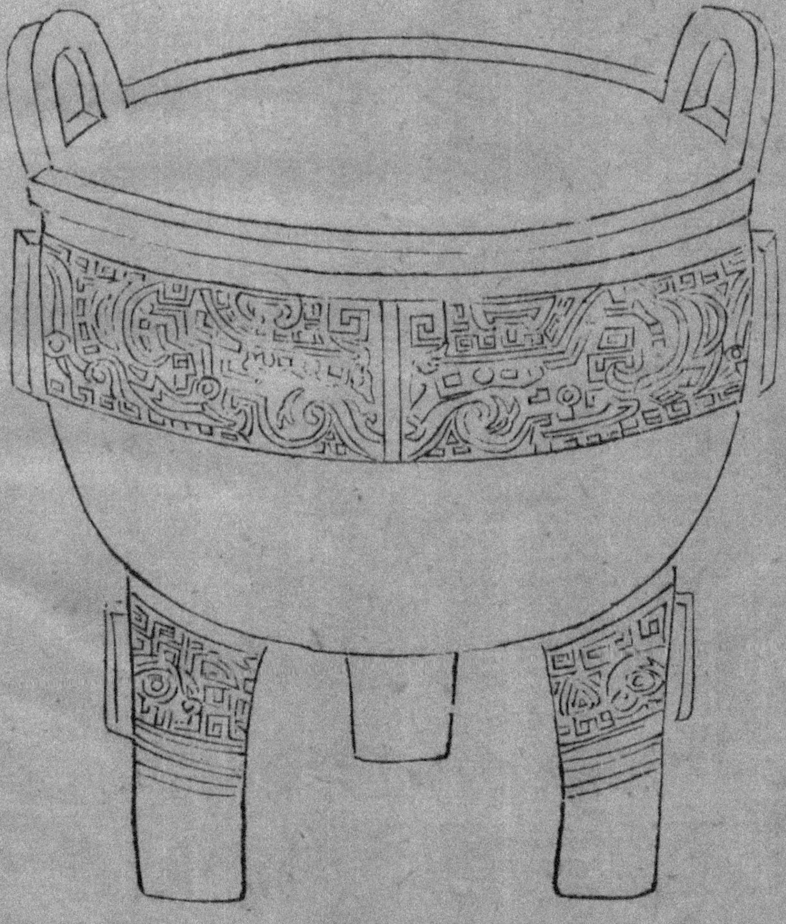

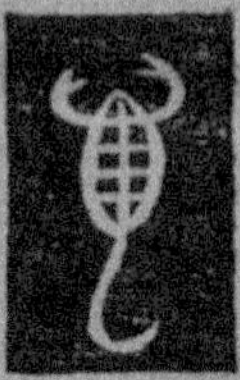

蠆形

右高九寸六分耳高二寸闊一寸六分深六寸三分口徑八寸六分腹徑八寸七分容一斗四升一合重十有四斤二兩三足銘一字作蠆形考其蠆字取其形象至後世小篆㸃作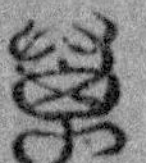而注謂象形則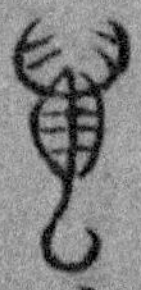為古蠆字無疑蓋

姬周而上銘識簡古如魚敵饕餮鼎皆商器
也悉取物以為篆今虁亦如之虁雖微物而
善毒人亦君子之所思患而豫防之故其銘
之鼎宜焉又虁疑為人名若周恭王十三年
鄭獻公虁立又如公孫虁之類則鼎之識殆
亦商人之名也

商秉仲鼎

秉仲

右高六寸一分耳高一寸二分深三寸六分口徑五寸三分腹徑五寸六分容二升六合重四斤有半三足銘四字按王安石字說秉作秉從又從禾此上一字作秉以象禾又以為又乃秉字也秉仲者索諸書傳訖無可考以其器之精鍊渾厚可愛知為商物耳

商素腹寶鼎

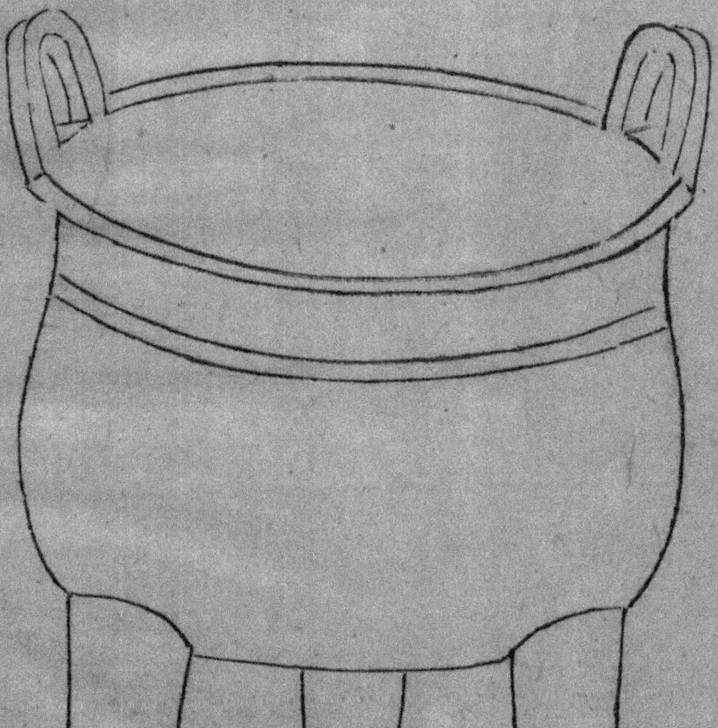

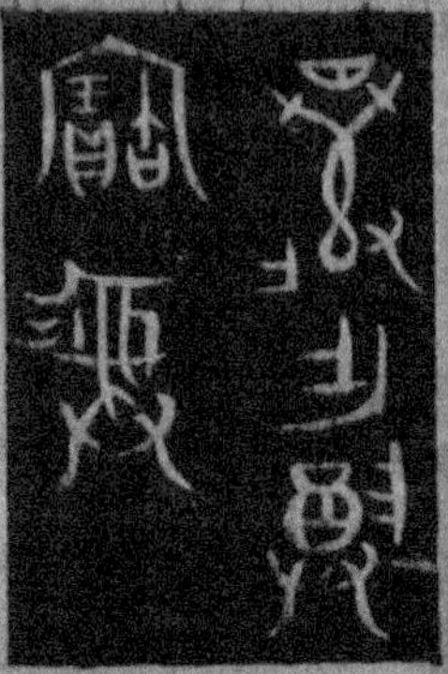

○作尊
寶彝

右高五寸三分耳高一寸闊一寸二分深三寸三分口徑四寸九分腹徑五寸三分容二升有半重三斤九兩三足銘五字上一字未詳四字曰作尊寶彝此制度乃鼎而謂之彝蓋商器類以彝銘之蓋彝以言其法非六彝之謂彝是器耳為綯狀腹足無紋渾厚純質斷商鼎也

商若癸鼎

亞形中 若

丁 癸 兩手執物形 丁

父 甲

立旗形 丁

乙

右高五寸八分耳高一寸一分闊一寸三分
深三寸二分口徑四寸九分腹徑五寸二分
容二升二合重三斤二兩三足銘八字於亞
形中上作一若字銘其作器之人也旁作旗

旆之勢于左旌其位也又作兩手互執物狀于右以著薦獻之象而且昭其獲助也四隅作癸丁甲乙雜肰陳布紀其日也中作父字明子職也蓋九旗名物皆从㫃於太常則至尊有之至於諸侯則建旂軍吏則建旗孤卿則建旜中大夫則建旟下大夫則建旐道車則建旞斿車則建旌而士預焉故旗旆所以旌其位者如此古之制字於與作与以兩手

交相舉明非一力也經曰四海之內各以其
職来祭夫聖人之德又何以加於孝乎詩云
云駿奔走在廟不顯不承無射於人斯則得
多助者所以為孝也故兩手互執物所以著
薦獻之象而昭其獲助者如此天有十日地
有十二辰各以其類而為配合在商言其略
故凡彝器止言其日若商敦言己丁與此鼎
言癸丁甲乙者止以十日也在周言其詳故

凡彝器復兼言其辰若周尊言丁丑周彝言巳酉者又兼其辰也昔者內事用柔日所以順其陰之入外事用剛日所以順其陽之出婚姻內祭皆內事故用柔日師田外祭皆外事故用剛日猷則是器言甲者剛日也言癸丁乙者柔日也此所謂紀其日歟今所藏器有言祖有言父有言兄下以高于上也有言子有言孫子孫之所自致也此又所謂言父

者兩以明子職歟然其形制比商器復加文縟三足皆作饕餮氣韻頗古眞商盛時器也

商象形饕餮鼎

饕餮獸形

右高五寸七分耳高一寸七分闊一寸五分
深三寸四分口徑五寸五分腹徑五寸四分
容二升三合重三斤九兩三足銘一字按此
鼎款識純古髣髴饕餮之形後人觀象立名
故取為號至周監二代文物大備凡為鼎者

悉以此為飾遂使吕氏春秋獨謂周鼎著饕餮而不知其原寔啓於古也按春秋宣公三年王孫滿對楚子問鼎之語曰昔夏之方有德也遠方圖物貢金九牧鑄鼎象物故民入川澤山林不逢不若魑魅魍魎莫能逢之則商之為法亦基於夏而已周實繼商故亦有之耳昔人即器以寓意即意以見禮即禮以示戒者如此

商魚鼎

月魚基

右高五寸五分耳高一寸闊一寸四分深三寸三分口徑五寸二分腹徑五寸容二升三合重三斤一十兩銘三字月魚基且古者祭祀之名不一祭天於圜丘祭地於方澤祭日於王宮祭月於夜明祭星於幽禜各以其類

求之則於薦獻之物豈非亦以其時耶故周有月星尊日星𣪘者是各以其類而為之器是鼎銘以月繼之以魚者豈祭祀之器既以其類又求其類於物爾如詩所謂季冬薦魚春獻鮪者以其時為薦獻也基者無所經見惟説文以為薦物之丌蓋象形也

商伯申鼎

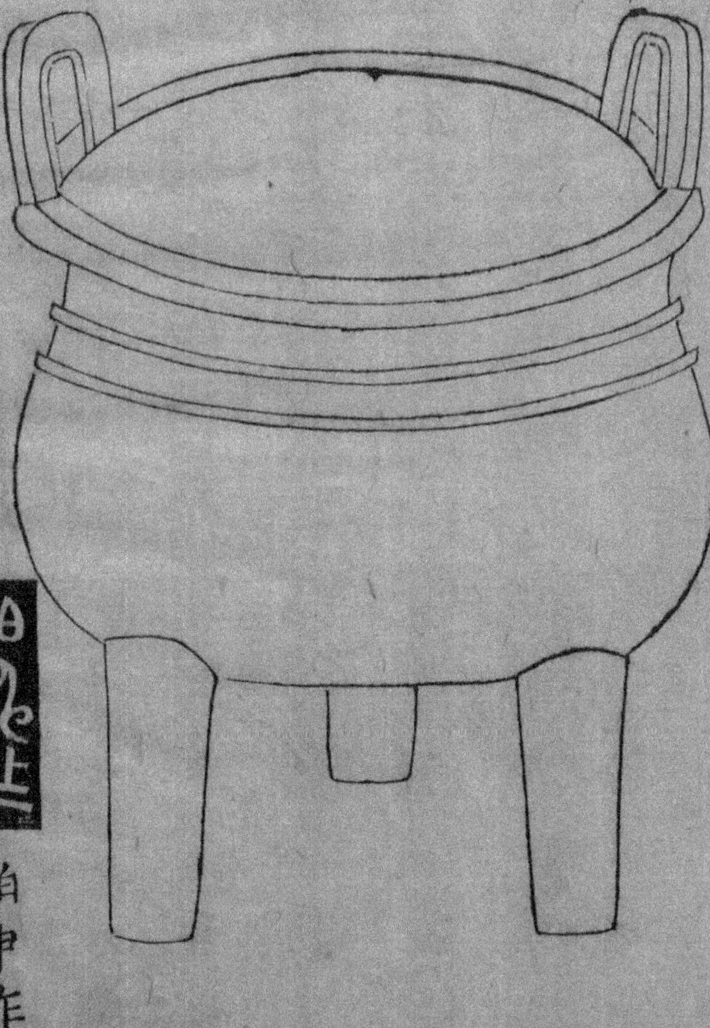

伯申作寶彝

右高五寸四分耳高一寸闊一寸三分深三寸二分口徑五寸腹徑五寸七分容三升重三斤二兩三是銘五字曰伯申者於傳無見蓋不可渴而考矣然是器有可得而論者凡鼎彝之屬莫不有文或飾以雷篆雲紋或錯以夔龍蟠螭之類而此獨通體純素製作朴古意商尚質其商人之為乎

商立戈鼎

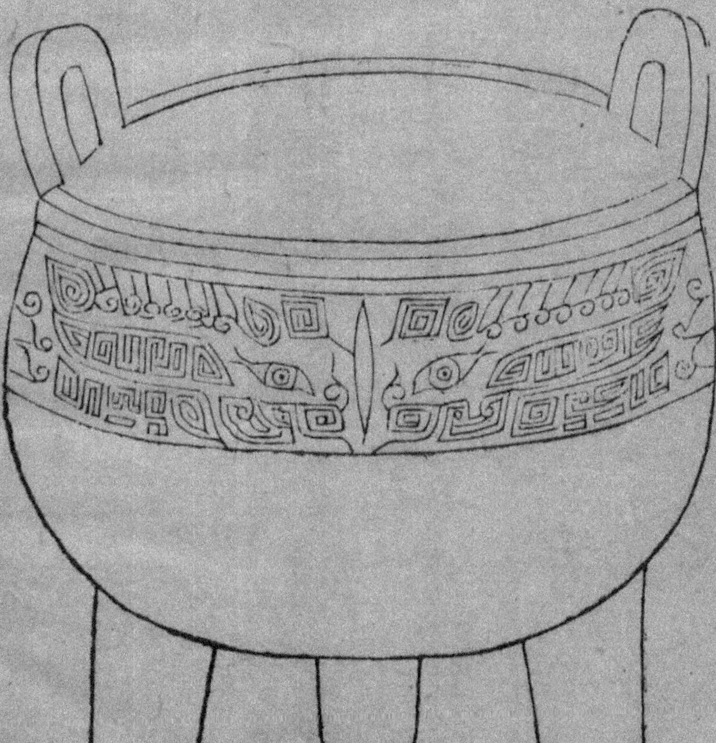

立戈形

高五寸五分耳高一寸二分闊一寸深三寸七分口徑四寸八分腹徑五寸容二升四合重二斤十有四兩三足銘一字

商立戈父甲鼎

立戈形父甲

高五寸六分耳高一寸四分闊一寸二分深三寸口徑四寸九分腹徑五寸七分容二升四合重四斤七兩三足銘三字

商横戈父癸鼎

博古一　四十

闕銘錄

禹後之戈氏也蓋商人作器多著此象故於爵有立戈爵於甗有立戈甗於尊則有立戈癸尊於卣則有執戈父癸卣肰則飾以戈者皆商物也王安石字説謂戈戟者刺之兵至於用戈為取小矣其取為小故當節飲食其用在刺故必戒有害雖肰戈所以敵物而勝之故我之字從戈者敵物之我也非有勝物之智則不能敵物非有立我之智則至於失

我古人託意茲亦深矣雖然議者謂春秋間徐子會齊侯其所賂之鼎有曰甲父者遂指父甲以爲甲父是大不然夫杜氏以甲父爲古國名故高平昌邑之東南有亭亦曰甲父亭若乃父甲則商子孫追享其父者故加父於上以顯尊神之意儻以爲甲父則是以國名變商號矣遷就傅會之說不可不察也

商綦鼎

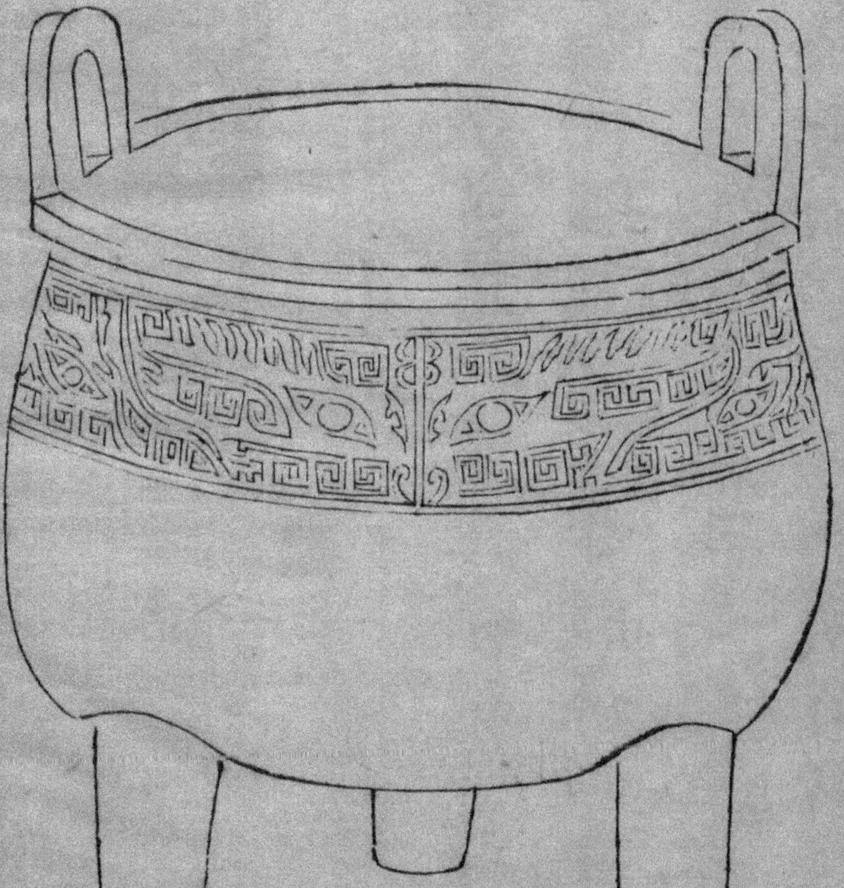

綦父乙

右高六寸六分耳高一寸三分闊一寸四分深四寸四分口徑五寸九分腹徑六寸七分容四升七合重四斤六兩三足銘三字純外隱起雲雷狀按父乙商也而周有召公尊其

銘亦曰父乙此豈周器乎曰不肰召公尊者周王用以褒大召公之子孫而乙者其名也父者所以尊稱之也如康王命畢公而曰父師平王命文侯而曰父義和蓋示有所尊耳豈此所謂父乙者哉況周人作銘文字已備此鼎近質而字畫奇古非商器而何曰綦者按列禦寇嘗言綦衛之箭而音釋者以綦為其且援史記綦國之竹為證則綦國名也歷

考商書雖不聞有國之為綦者然歸亳之際諸侯所會者至於三千安知其無綦耶大抵為史者非因事以見之則亦不能備載矣

商象形鼎

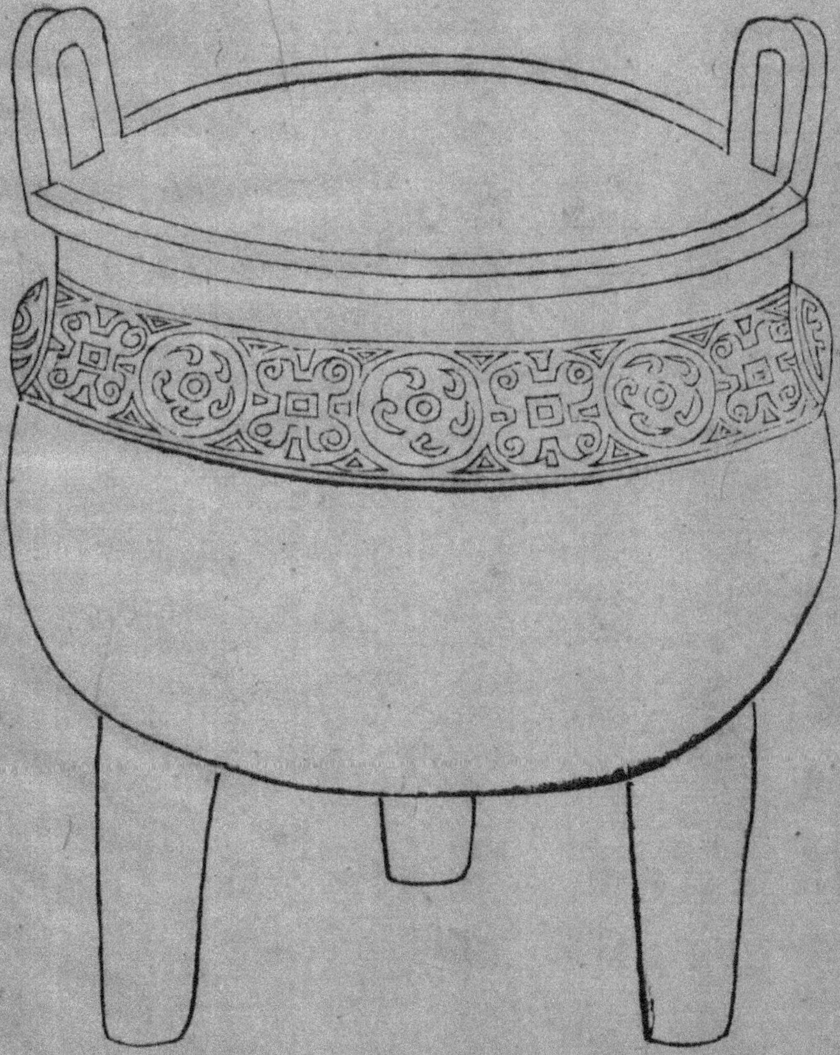

鼎

右高六寸九分耳高一寸六分闊一寸五分深四寸一分口徑五寸八分腹徑六寸四分容四升重三斤六兩三足銘一字製作精純與商辛鼎無異凡鼎之銘有曰尊鼎有曰尊

彝而此獨以□為誌者考諸鼎字於雍公緘鼎作□於大夫始鼎作□於得鼎作□字畫變易無常而漢鼎又作□其下體頗與此近深意其為鼎字且鼎字上從二一而□之下從析木一陰一陽之謂道鼎者器也而道寓焉一則成象一則效法故從二一以木巽火烹飪也故從析木此鼎其文雖異而下皆左右戾有析木之意深得古書之體著此銘者

古人所以正名也以易考之革去故鼎取新
又見其新新不窮之義

商公非鼎

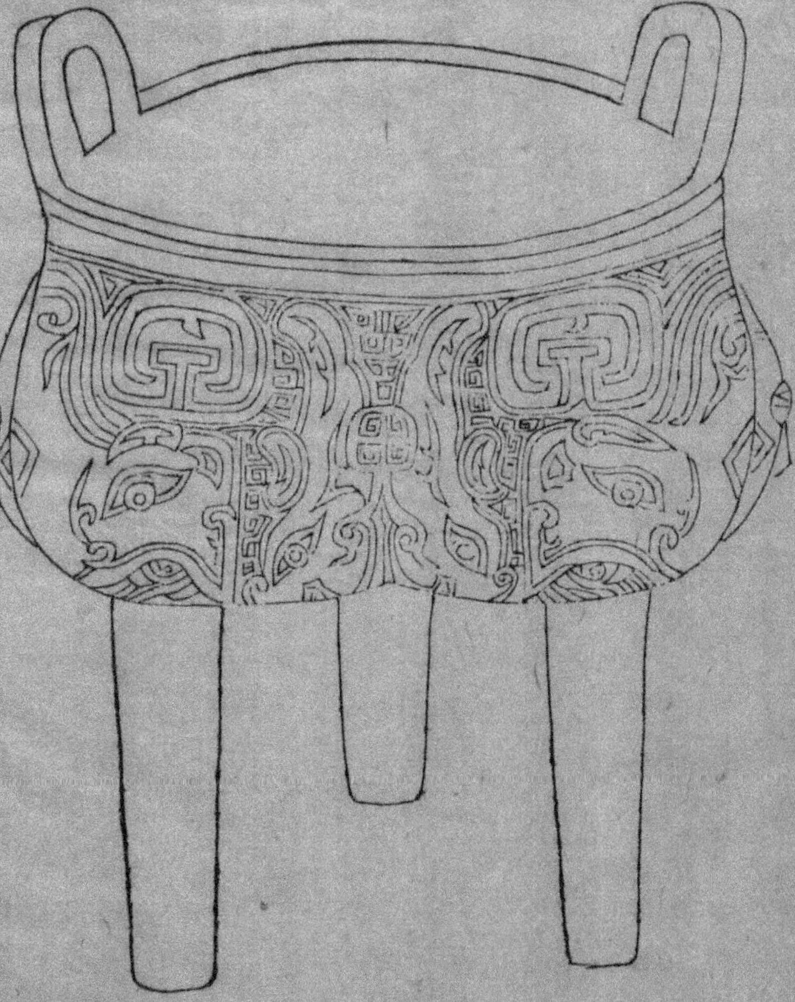

非

右高五寸八分耳高一寸五分闊一寸三分深三寸口徑五寸腹徑五寸六分容二升二合重二斤十有五兩三是銘一字曰非非者蓋作器人之名氏也其形制則類立戈父甲

鼎實惟商器按史記有非子為周孝王主馬者其去商遠甚為不侔惟公劉五世孫公非者考其時正與祖甲相近則當為公非矣

博古圖錄考正卷第一

博古圖録考正卷第二

鼎二一十八器

周

文王鼎　銘七字

晉姜鼎　銘一百二十一字

伯碩父鼎　銘五十字

史頙鼎　銘四十三字

王伯鼎　銘五字

季娟鼎 銘四十九字

中鼎 銘四字

南宫中鼎一 銘五十七字

南宫中鼎二 銘三十九字

南宫中鼎三 銘三十九字

穆公鼎 銘二百三字

象鼎 銘一字

父已鼎 銘二十八字

言肇鼎 銘一十字

雝公緘鼎 銘四十一字

䜌鼎 銘二字

單父乙鼎 銘五字

益鼎 銘四字

周文王鼎

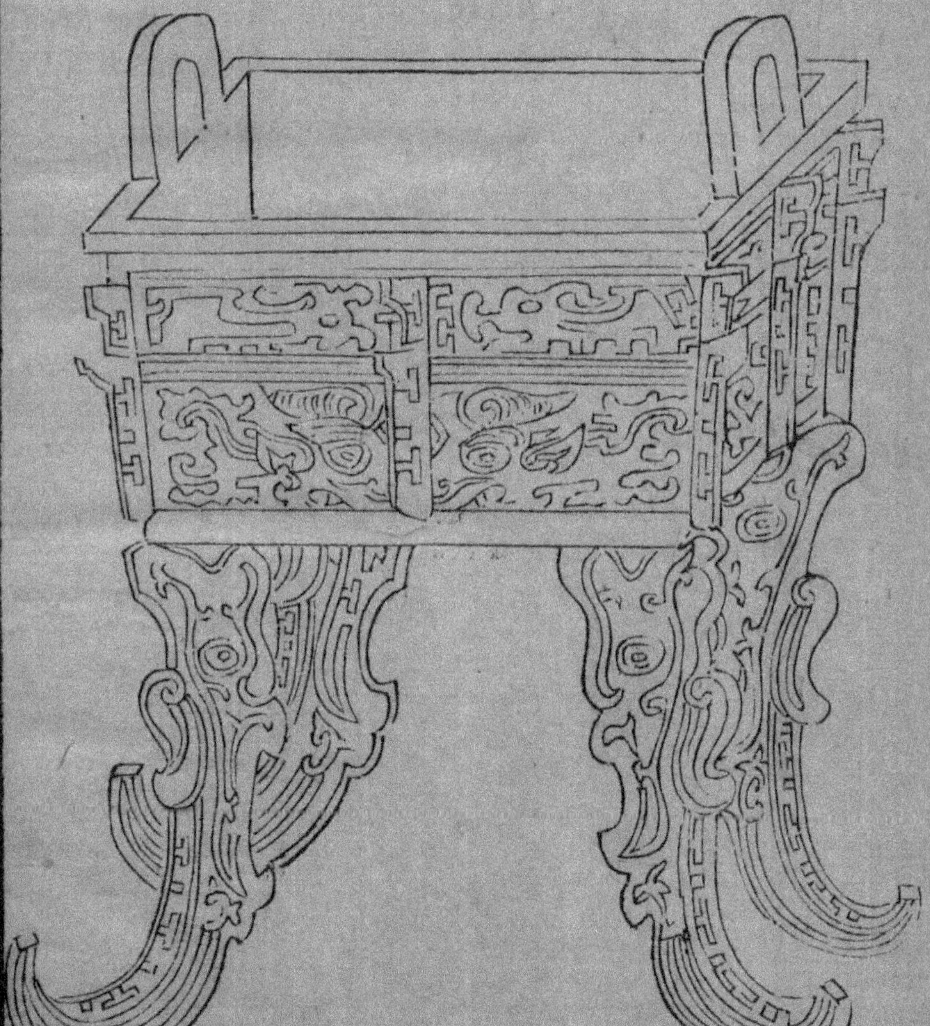

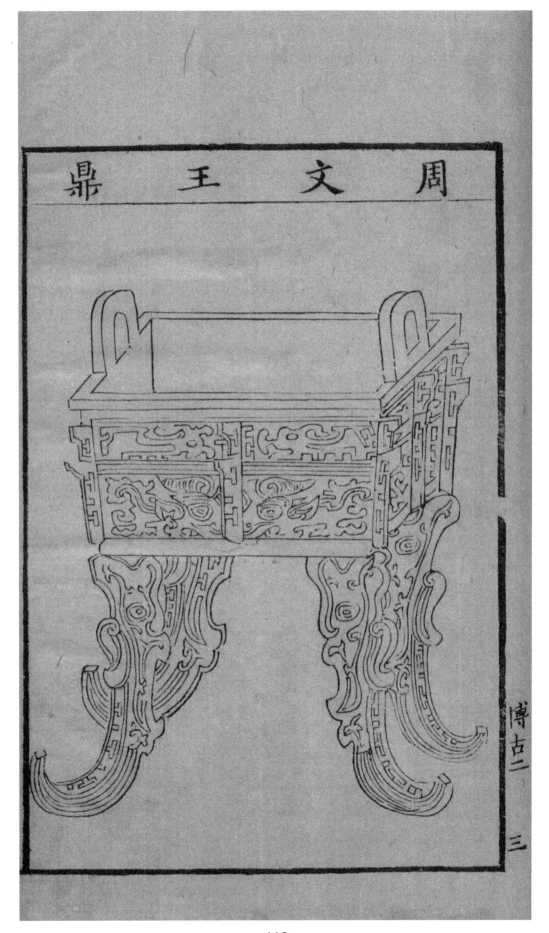

魯公作文王尊彝

右高八寸九分耳高二寸三分闊二寸深五寸八分口徑長六寸一分闊四寸三分腹徑長六寸三分闊四寸五分容三升有半重一十二斤三兩四足銘七字按鹵字許慎說文

云從西省象鹽形鹵即魯字也古尚書魯作
长古之文字形聲假借如鄉作許咎作皐繆
作穆之類是也尊說文云酒器也從酋廾以
奉之今尊傍加阝乃阜字從阜者蓋取高大
之意彝說文云宗廟常器也從糸糸綦也廾
持米器中實也彑聲也今彝其首作[illegible]者乃
彑也其左作點者象米形也右作幺者糸也
下作𠬞者廾也魯公者周公也文王者周文

王也按史記魯世家云武王徧封功臣同姓
戚者封周公旦於少昊之墟曲阜是為魯公
周公不就封留佐武王今考其銘識文畫尚
類于商則知周公之時去商未遠故篆體未
有變省以是推之則此為周公作祭文王之
器無疑其制足象蜼形上為鼻下為尾高而
且長其兩耳䵼鏤蜼文蜼之為物爾雅以謂
禺屬昂鼻而長尾尾有兩岐遇雨則以尾塞

其鼻蓋取其有智袞冕繡宗彝之章而以虎蜼亦此義也其身四周隱起獸面蓋饕餮之象也古者鑄鼎象物以知神姦鼎設此象蓋示飲食之戒銘曰尊彝者舉禮器之總名而已是鼎也仲忽於元祐間進之奇古可愛是以冠周器腐儒挾持異端輒稱墟墓之物以請罷焉方當紹述先烈作新大政故用聖遏朙邪以彰寶器俾一時純正不沮於朝異代

神奇復顯於世豈不快哉

周晉姜鼎

惟王九月乙亥晉姜曰余
惟嗣朕先姑君晉邦余不
叚妄寧經雍明德宣邲我
猷用招所辟辟柔揚乃光
烈虔不墜譱覃京以孽我
萬民嘉遣我錫虎責千兩
勿廢文侯頵命畏貫通弘
征綏湯原取乃吉金用作
寶尊鼎用康頤妥懷遠廷
君子晉姜用蘄綽綰眉壽
作惠為亟萬年無疆用享
用德畯保其孫子三壽是利

右高一尺三寸耳高一寸二分闊二寸深七寸七分口徑一尺四寸七分腹徑一尺五寸容四斗一升重七十七斤二兩三足銘一百二十有一字晉姜齊侯宗女姜氏以其妻晉文侯故曰晉姜觀其始言君晉邦取其寡小君之稱以正其名中敘文侯感貫通洪征綏湯原以顯巳之有助追其末也又言保其孫子三壽是利則三壽者與詩人言三壽作朋

同意蓋晉姜觀其始特保我子孫而外之三
卿亦冀壽考也款識條理有周書誓誥之辭
而又字畫玅絶可以為一時之冠

周伯碩父鼎

惟六年八月初吉己
子史伯碩父追孝于
朕皇考釐仲王母乳
母尊鼎用祈丏百祿
眉壽綰綽永命萬年
無疆子〻孫〻永寶用享

右高一尺六寸九分耳高四寸四分闊四寸八分深九寸九分口徑一尺六寸八分腹徑一尺七寸九分容九斗五合重一百二十斤八兩三足銘五十字耳足皆素純緣之外飾以蟠夔腹間比以鱗紋銘曰惟六年八月初吉已者以年繫月以月繫日也曰子史伯碩父者伯碩父雖不見扵經傳肰周有太史内史之官謂之子史則稱扵父曰子舉其官曰

史而伯頎父則又其名也曰追孝于朕皇考釐仲王母乳母者用昭孝享于其考妣也釐謚也而曰釐仲者蓋古人以字為謚因以為族則仲疑其族也若王母乳母則追孝皇考而并及之其曰綰綽則祝以優裕之辭耳

周史頊鼎

博古二 十

史頙作朕皇考釐仲
王母乳母尊鼎用追享
孝用蘄丐眉壽永命
令終頙其萬年多福
無疆子〻孫〻永寶用享

右高一尺四寸六分耳高三寸九分闊四寸三分深九寸五分口徑一尺五寸腹徑一尺五寸六分容六斗二升三合重七十六斤三足銘四十三字耳足純素純緣之下以雷紋爲飾曰史頊者雖不見於經傳蓋史則言其官頊則疑其名是器與前伯碩父鼎言其考妣謚號大率相類然所異者此鼎差小特不紀其歲月雖辭有詳略器有大小不害其爲

同寔一時之物也

周王伯鼎

王伯作
寶盨

右高五寸三分耳高一寸二分闊一寸四分深三寸口徑長四寸七分闊三寸四分腹徑長五寸闊三寸六分容一升六合重三斤四兩四足銘五字按史傳有曰史伯者著其姓

也有曰鄭伯者舉其國也有曰僖伯者稱其謚也今此伯謂之王以為謚則王不可為謚以為國則王未嘗名國以為姓則三代之間未見王姓而顯者惟武王初定商以九鼎寶玉封諸侯而書序克商之後亦曰分寶玉於伯叔之國然則王伯者疑其為王之伯父也曰寶盫者考諸周禮雖有掌玉盫之官然形制訖無所考以其方而四足與諸方鼎悉類

故附於鼎云

周季娟鼎

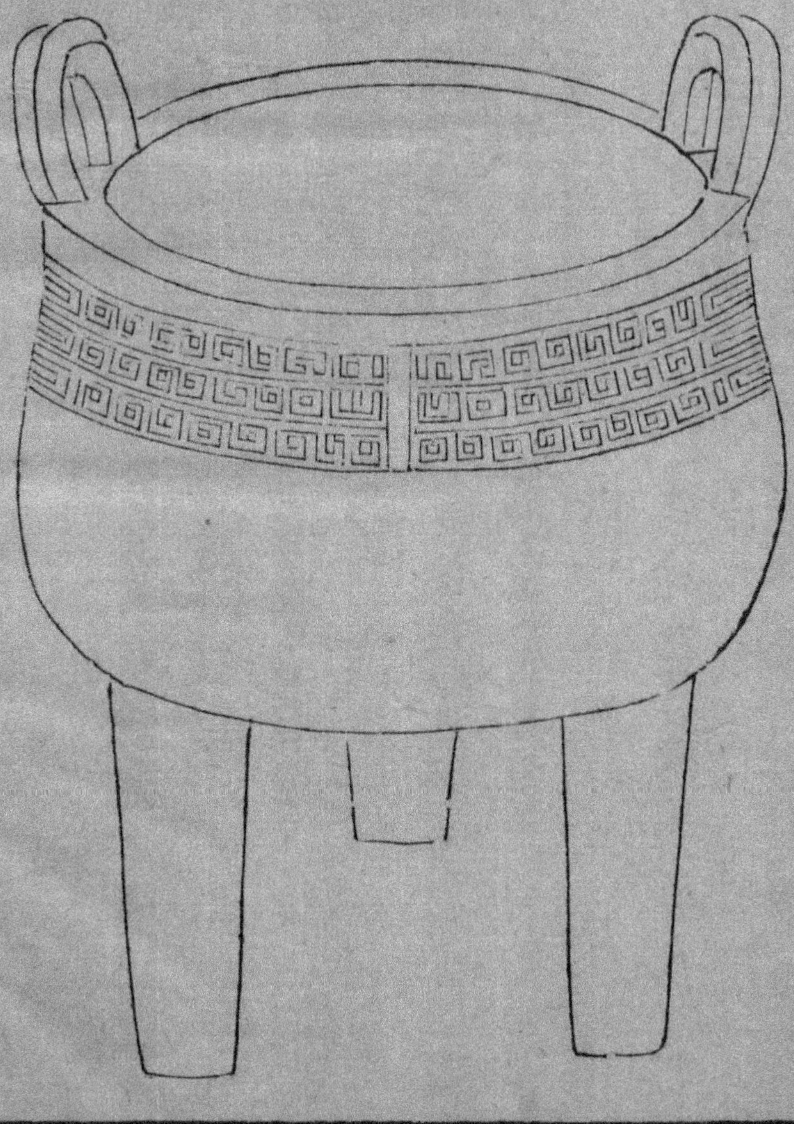

正月王在成周
王徙于楚麓命
小臣夌先見楚居
王至于徙居廡
遣小臣夌錫貝錫
馬兩夌拜稽首
對揚王休用作
季娟寶尊彝

右高五寸五分耳高一寸闊一寸二分深三寸五分口徑五寸五分腹徑五寸八分容三升重三斤二兩三足銘四十九字昔康王命作冊畢曰分居里成周郊則成周者西周也麓說文以爲守山林吏又曰林屬於山爲麓則徙于楚麓者謂其山之林麓蓋如書言大麓之類王欲徙楚先命小臣夌往見以相其居王至于居也復遣錫貝錫馬及兩所以賞

之曰季嬇者說文嬇通作妘以謂祝融之後姓也富辰嘗舉叔妘而韋昭亦以妘爲妘姓之女則嬇乃其妃也曰季者又特言其序耳詩所謂彼美孟姜仲氏任只有齊季女皆指其序也

周中鼎

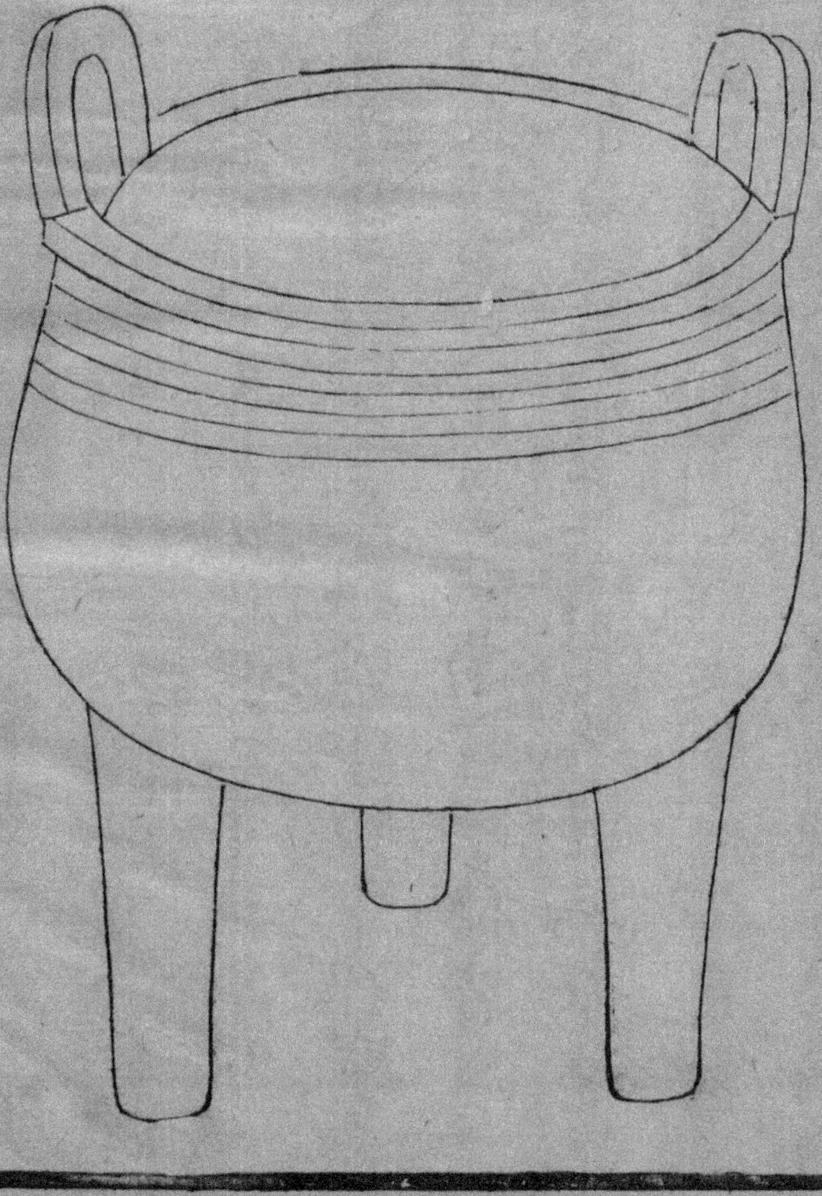

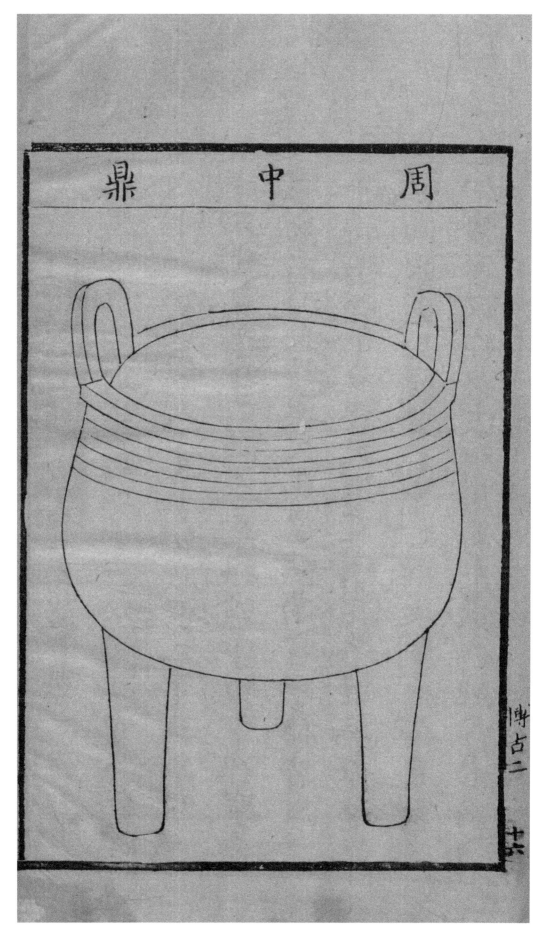

中作寶鼎

中作寶鼎

右高九寸三分耳高二寸一分闊二寸二分深六寸一分口徑八寸七分腹徑九寸五分容一斗五升重九斤四兩三足銘四字曰中作寶鼎純素不加文鏤與父已中獻南宮中鼎皆出一手特南宮中鼎銘文僅百字其畧曰王命中先相南國則知是器皆中一時之制也銅色沁暈如碧玉製作典古在周器中最為純厚者焉

周南宮中鼎一

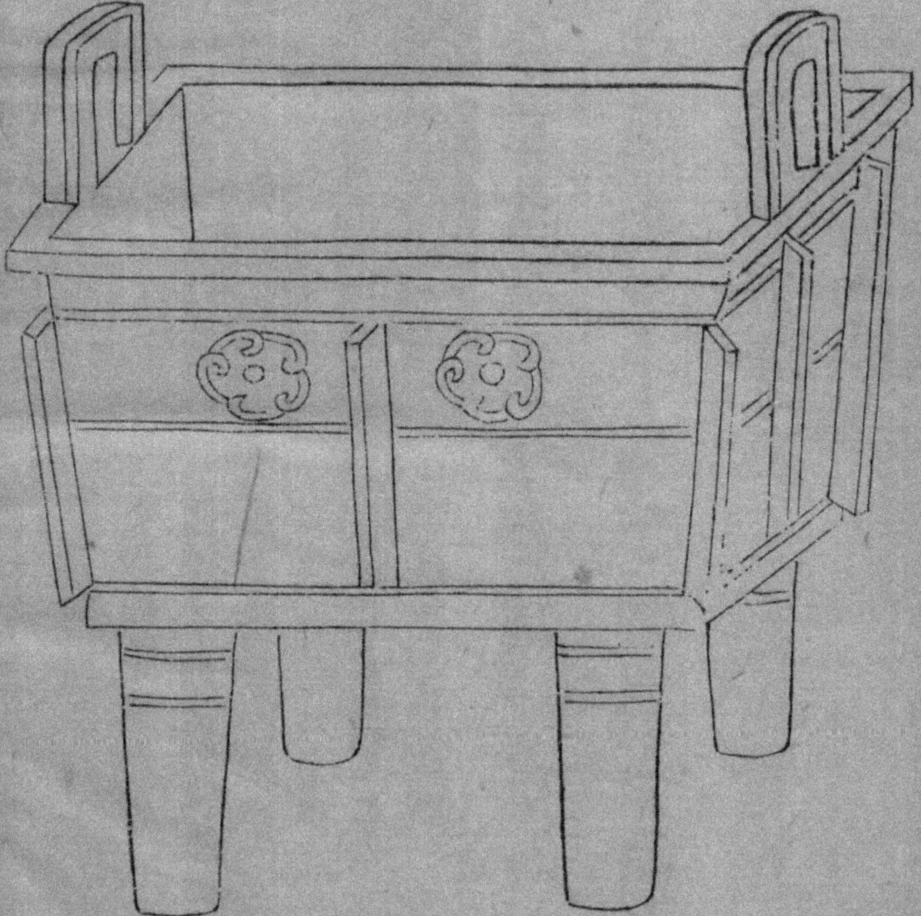

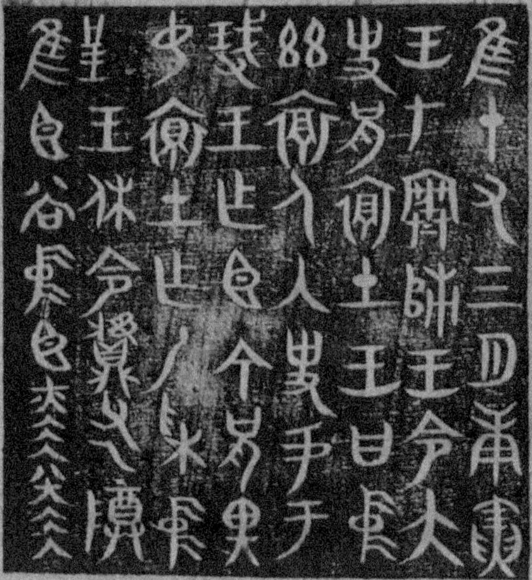

惟十有三月庚寅
王在寒師王命太
史括懷土王曰中
兹懷人內史錫于
戔王作臣令括里
汝懷土作乃采中
對王休命䵼父乙尊
惟臣尚中臣赫赫

高八寸五分耳高一寸八分闊一寸七分深
五寸四分口徑長七寸二分闊五寸四分腹
徑長七寸一分闊五寸三分容七升五合重
一十斤四兩銘五十七字

周南宮中鼎二

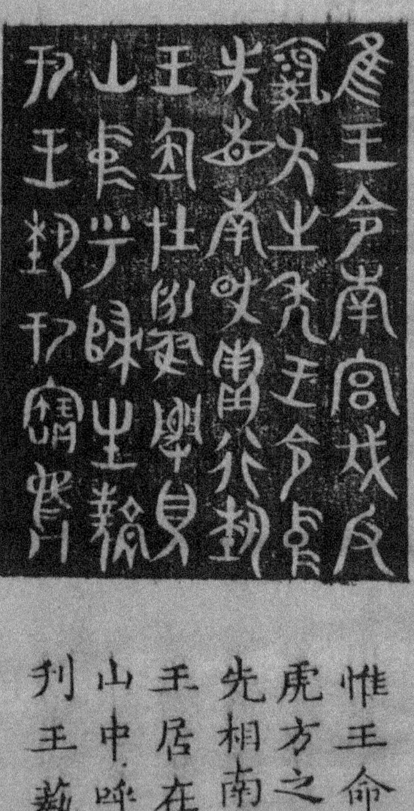

惟王命南宮伐反
虎方之年王命中
先相南國貫行蓺
王居在射圃真
山中呼歸生原
刋王蓺刋寶彝

高八寸四分耳高一寸九分闊一寸八分深
五寸三分口徑長六寸闊五寸二分腹徑長
五寸九分闊五寸一分容五升五合重八斤
四兩四足銘三十九字

周南宫中鼎三

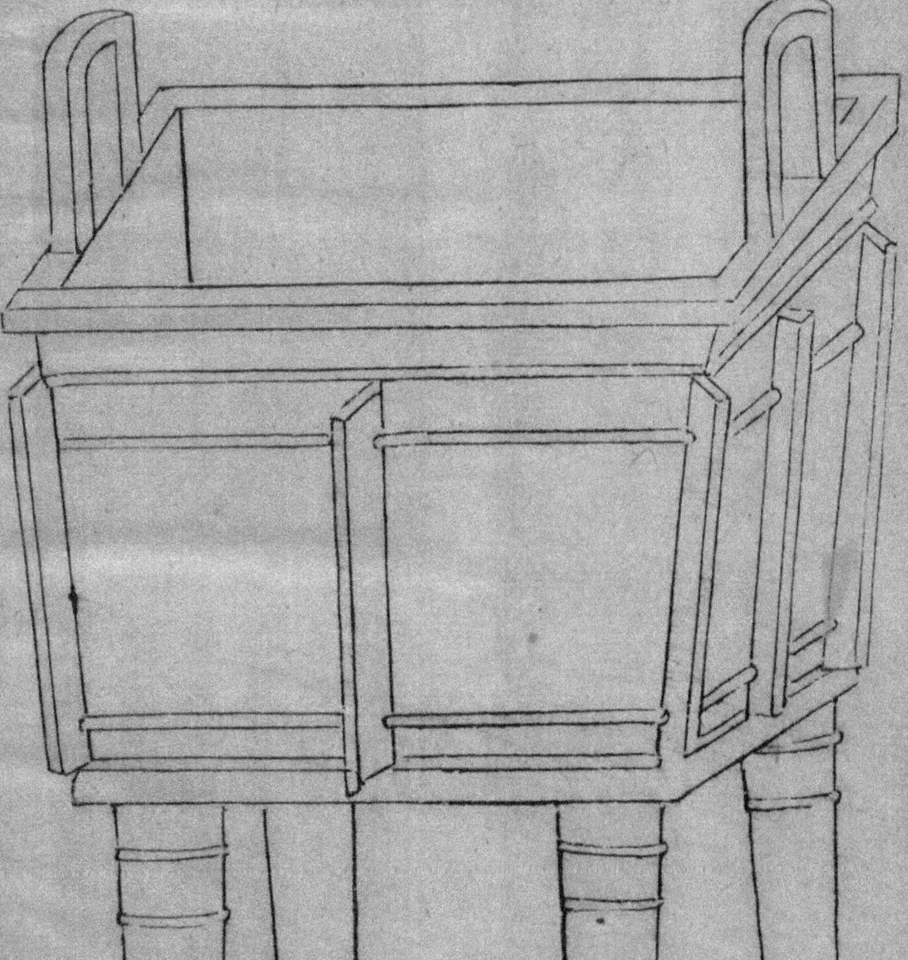

帷王命南宫伐反
虎方之年王命中
先相南國貫行蓺
王居在𨈖圃真山
中呼歸生原刋王
蓺刋寶彝

高八寸四分耳高一寸九分闊一寸五分深
五寸四分口徑長六寸闊五寸二分腹徑長
六寸闊五寸容五升有半重一十斤四足銘
三十九字

右三器以南宫為氏者在周有之如書所謂南宫括南宫毛是也中則其名耳歴名氏同而款識或異曰作乃采者蓋采事也命以立事則因為此鼎而勒之銘也其曰伐虎方之年者虎方猶鬼方也虎為西方之獸是必因西征而昭其功以銘之也三鼎形模大略相類至其銘文間有不可知者則闕疑以待博識

周穆公鼎

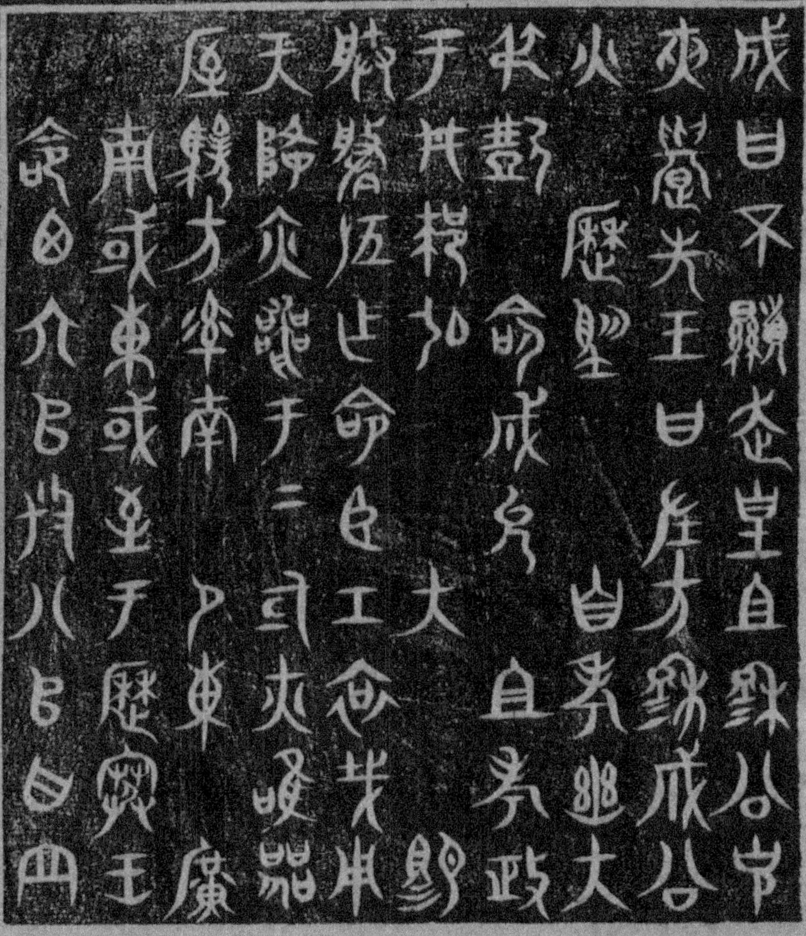

成曰不顯走皇祖穆公克
夾豐先王曰左方穆成公
亦○歷望○○皇考幽大
叔繼○命成允○祖考政
于邢邦弘○○大○○賜
朕般右作命臣工哀哉用
天降亦喪于○或亦唯器
屋○方率南○節東○廣
○南域東域至于歷寒王
○命堙六吕○八吕曰晃

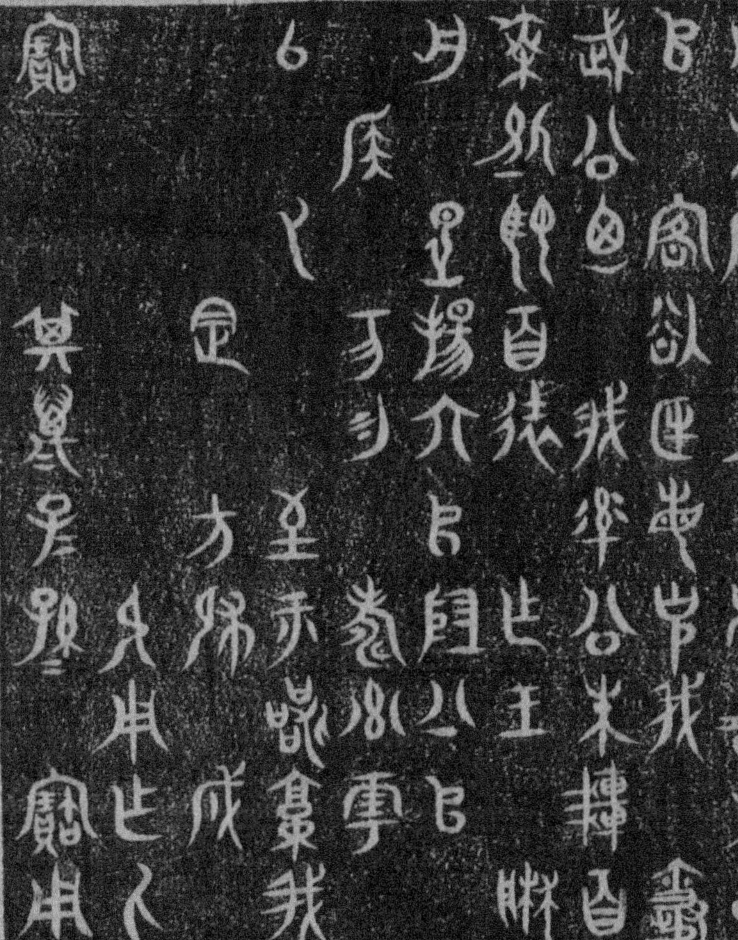

成恭侯○方○眉壽訶子佑
吕○客欲○每克我○爵
武公迦○我率公朱軒百
桼○○百徒○作王○○
○○○揚六吕○八吕○
○侯○○勿○壽率雩○
以○○○○至于○京我
○○○定○方○○成○
○○○○○○○用作此
寶○○其萬〻子〻孫〻○寶用

右高一尺二寸二分耳高三寸一分闊三寸五分深七寸七分口徑一尺二寸五分腹徑一尺三寸五分容三斗六升重五十斤三兩銘二百三字湮滅不可辨者五十九字是鼎得於華陰廼秦故地曰不顯走者詩言有周不顯王安石釋之云不顯者乃所以甚言其顯也走者如太史公以謂牛馬走則走乃自卑之稱皇祖穆公者玆秦世次先武公次成

公而穆公又其次令銘復先穆公次言成公後言武公者質諸經傳莫不有意義昔商之禘祀自上而推之下尊尊之義故長發之詩曰有娀方將又曰元王元撥相土烈烈而終之以實維阿衡實左右商王此先言有娀以及禼至於相土成湯而下眹後及於阿衡也周之禘祀自下而推之上親親之義故雝之詩曰既右烈考亦右文母蓋自烈考以上逮

于文母也自上及下則原其始而知王業之所由興自下及上則舉其近而昭王業之所以成當時各有所主而此鼎之文世次亦有所法也其餘以歷歲既久類多缺泯無從悉考姑就其可以意得者如此

周象鼎

象

右高九寸三分耳高三寸闊三寸二分深五寸口徑一尺一寸七分腹徑一尺五分容一斗九升重二十八斤三足銘一字作象形周禮司尊彝春祠夏禴其再獻用兩象尊而是

器則鼎也且易六十四卦皆象也而於鼎獨言象蓋鼎之為卦䷱上離下巽以木巽火有鼎之體此畫象形其亦準易而著之耶是器腹飾交夔兩耳外作連珠紋純緣不加蟲鏤有商之遺制焉

周父己鼎

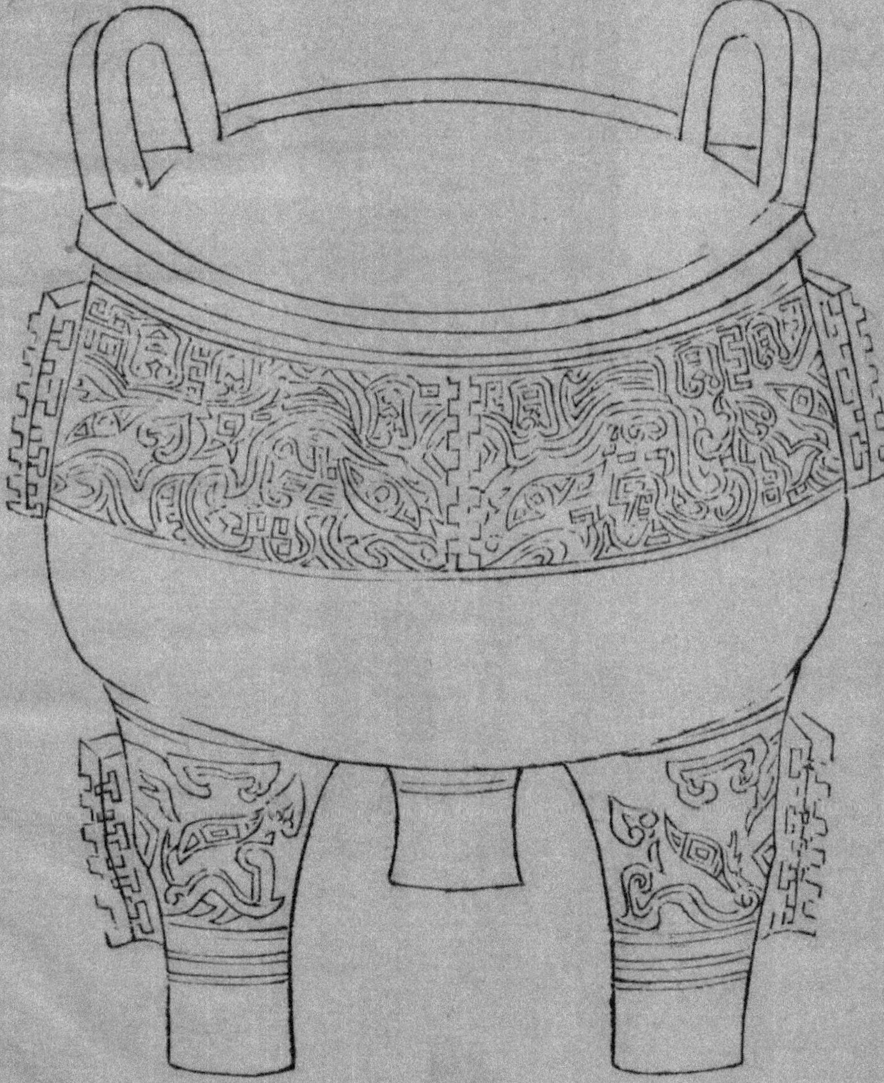

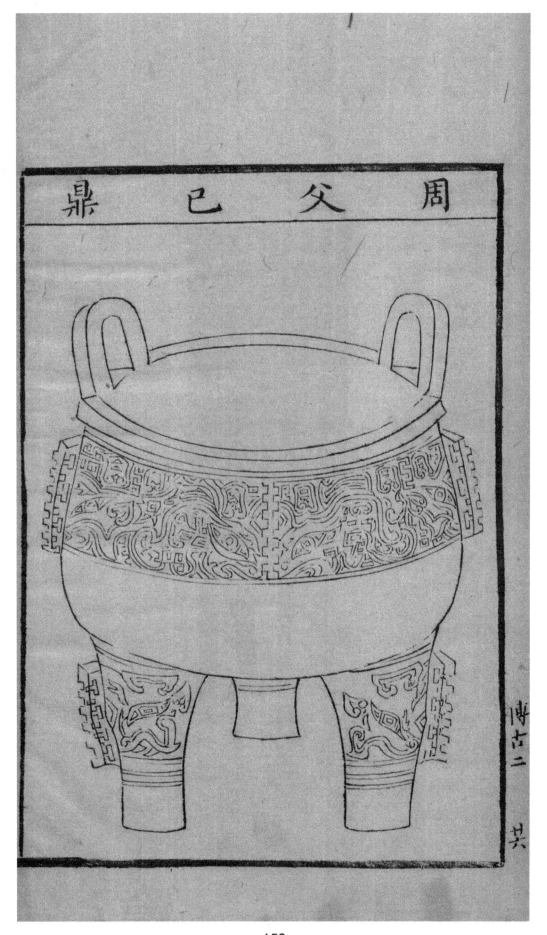

癸亥王徙刋作冊
收新宗王賡作冊
豊貝太子錫練大
貝用作父巳寶鬲

右高一尺五寸六分耳高三寸二分闊三寸八分深九寸八分口徑一尺二寸一分腹徑一尺三寸四分容四斗九升重五十三斤有半三足銘二十八字其末云作父已寶而已見於商之帝號蓋商以十干名至周則有乙公得於已則未之見焉是器獸足素耳純緣之外作螭紋而雷紋間之文鏤皆周制也

周言肇鼎

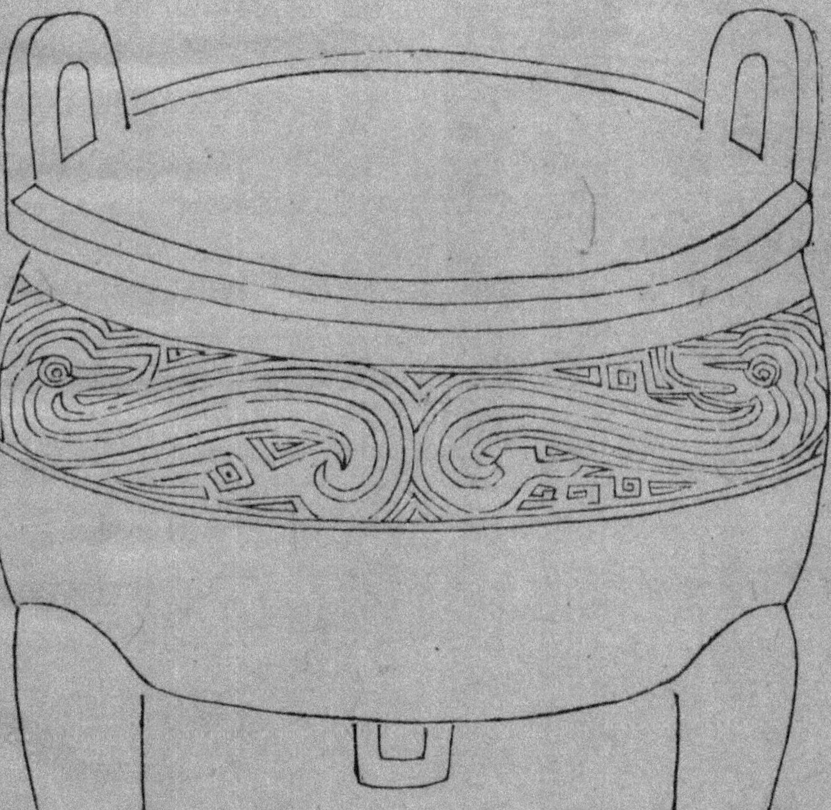

其永寶用享
言肈作尊鼎

右高五寸耳高一寸二分闊一寸四分深三寸三分口徑六寸一分腹徑六寸四分容三升二合重三斤十有三兩三足銘一十字曰言肈作尊鼎而周有司徒言曰肈則言其始也言始作此鼎製作與周鼎頗小異然足短而婆娑其腹耳足純素純緣外有蛟螭之飾華巧雖乏而漢鼎所不能逮也

周雝公緘鼎

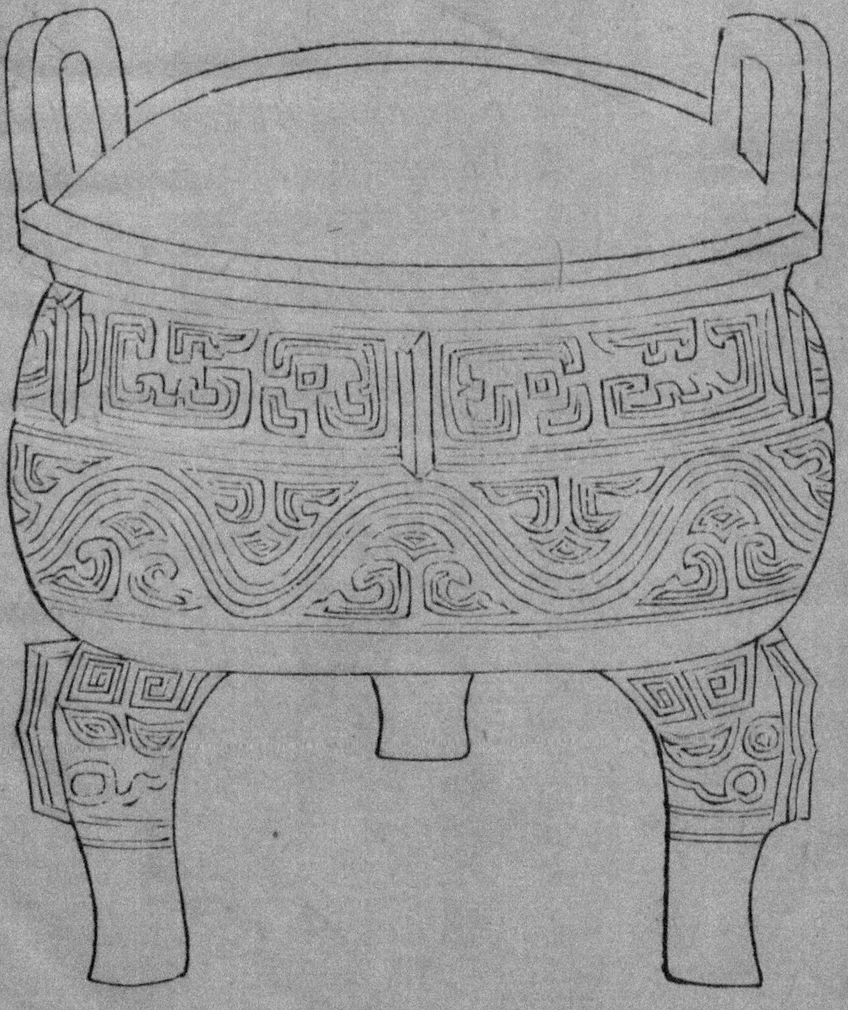

惟十有四月既死
霸王在下保雝公
絨作尊鼎用追享
孝于皇祖考用乞
眉壽萬年無疆
子、孫、永寶用

右高八寸九分耳高二寸三分闊一寸九分深六寸口徑一尺三分腹徑一尺五分容一斗七升八合重一十八斤有半三足銘四十一字曰惟十有四月者古器多有是文疑嗣王居憂雖踰年未改元故以月數也昔歐陽脩謂雍公不知為何人而曰十四月亦未有定論又疑其惟十有四者書其年月既死霸記其日也觀其腹出雲氣足著饕餮制甚古

而韻不凡非周室無以作此

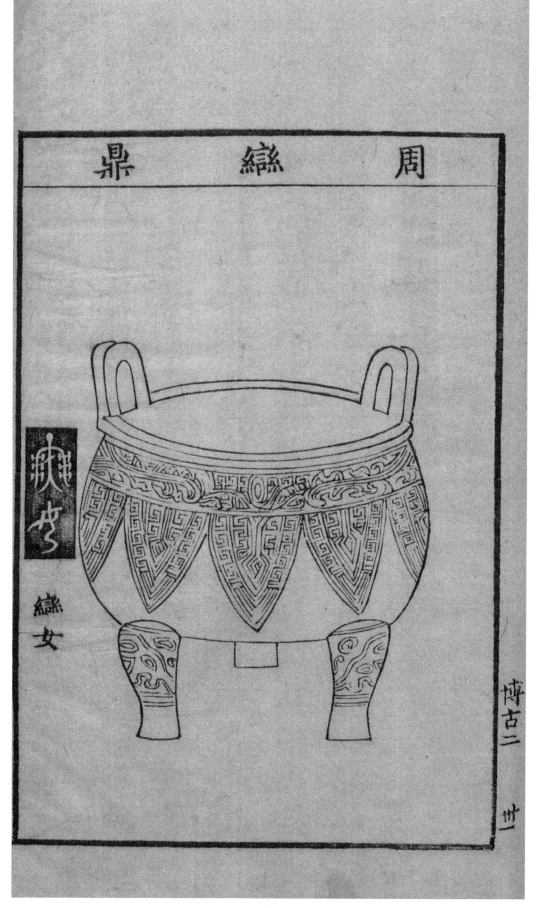

周䜌鼎

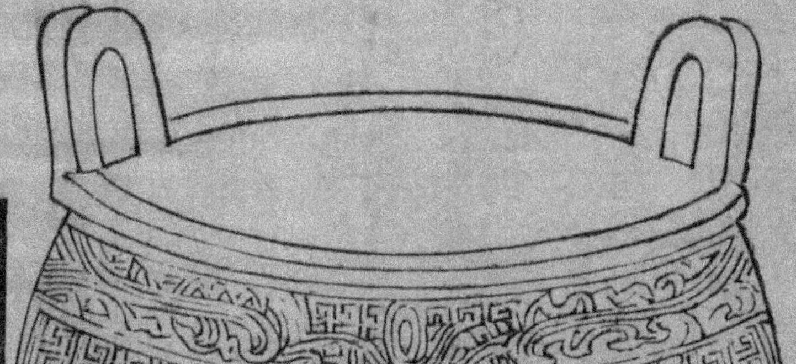

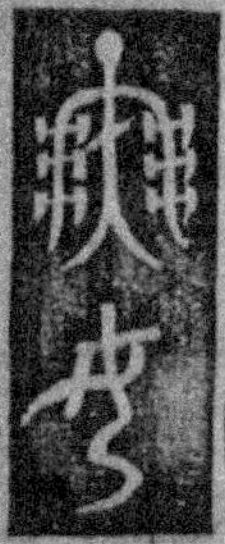

䜌女

右高二寸四分耳高一寸闊八分深二寸一分口徑三寸一分腹徑三寸七分容七合重一斤三兩三足銘二字按緐於經傳無所見獨於敔緐鼎有銘曰緐用享孝于朕皇考按其文乃曰惟王二十三年九月王在宗周蓋周有成周有宗周則知緐者周之時也而曰女者謂緐女也

周單父乙鼎

旗單囧乙父

右高六寸八分耳高一寸二分闊一寸深四寸一分口徑長五寸七分闊四寸四分腹徑長五寸六分闊四寸三分容三升有半重六斤十有二兩四足銘五字昔叔向嘗謂單靖

公曰吾聞一姓不再興今周其興乎其有單子也又曰單子朝夕不忘成王之德以佐王室則單者周之族而爲周之卿士者也曰旗者穆公旗也而此鼎銘乃曰父乙蓋乙非獨爲商之號如齊有乙公周之彝亦曰父乙則乙者豈因父祖之名乎

周益鼎

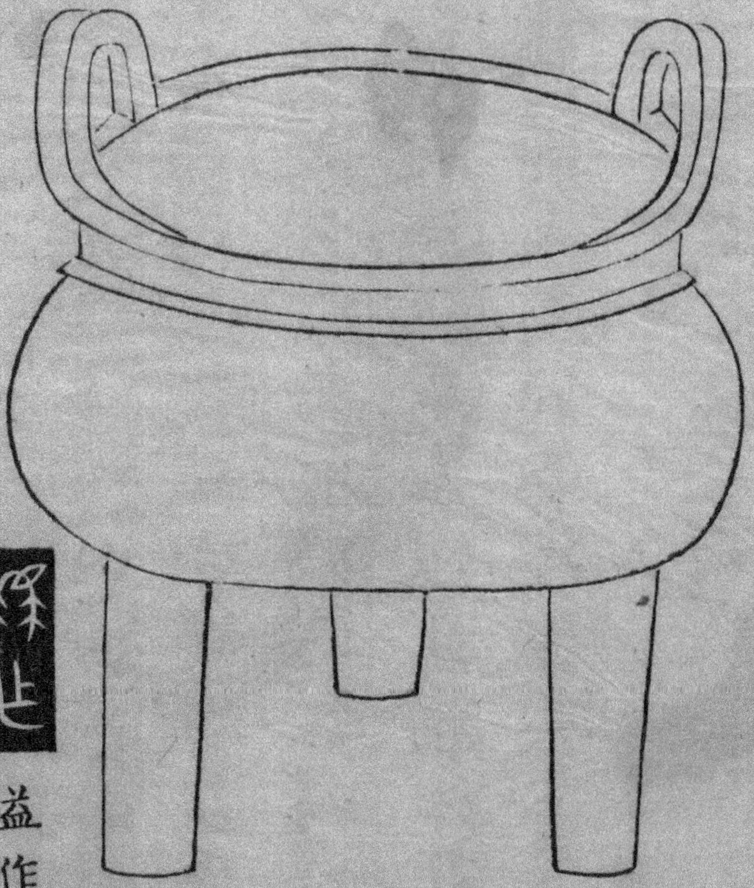

益作寶鼎

右高五寸耳高一寸闊一寸一分有半深三寸口徑四寸九分腹徑五寸四分容二升四合重二斤十有四兩三足銘四字曰益作寶鼎曰益者春秋文公六年有梁氏益昭公六年復有文公䓁未知孰是蓋作鼎彝必有大勳德而後有之梁氏文公正其人耳

博古圖錄考正卷第二

博古圖錄考正卷第三

鼎三 二十器

周

叔液鼎 銘二十三字

單從鼎 銘五字

舉鼎 銘一字

戚君鼎 銘七字

鮮鼎 銘一字

伯郜父鼎　銘一十八字

節鼎　銘一字

仲偁父鼎　銘三十五字

大叔鼎　銘四字

齊莽史鼎　銘一十九字

乙公鼎　銘一十一字

媍氏鼎　銘一十三字

賓父鼎　銘八字

尨生鼎 銘一十六字
絲駒父鼎 銘九字
豐鼎 銘六字
師秦宮鼎 銘四十七字
子父舉鼎 銘三字
緰鼎蓋 銘六字
宋夫人鼎蓋 銘八字

周叔液鼎

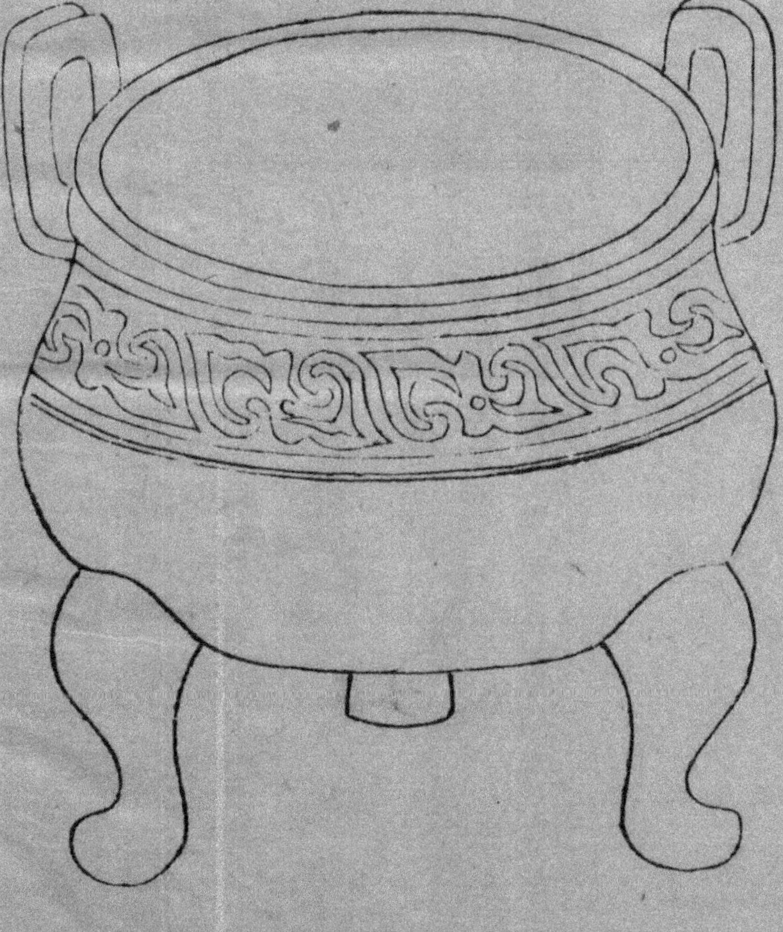

惟五月庚申
叔液自作餗
鼎用蘄眉
壽萬年無疆
永壽用之

右高六寸四分耳高一寸六分闊一寸四分深四寸口徑六寸二分腹徑七寸一分容五升重六斤四兩三足銘二十三字曰叔液考諸前代叔液之名不見於經傳惟語記周之八士則有叔夜焉豈其族歟是器耳作雷形純緣飾以立螭足作蹄狀形制篆鏤皆周制也

周單從鼎

單景作從彝

右高四寸七分耳高一寸三分闊一寸三分
深二寸三分口徑長四寸五分闊三寸三分
腹徑長四寸一分闊三寸容一升一合重二
斤十有四兩四足銘五字曰單景作從彝周

有單子歷世不絕有襄公頃公靖公獻公穆公凡數世特景者不見諸經傳是器鼎也而曰彝蓋彝言其常曰從則如品之有從亦有所謂陪鼎者是也此鼎兩耳方而四足上飾獸面腹上有雙鳳形間以雷紋鳳之隱顯與夫雷之動作皆以其時著之紋飾豈徒為哉

周舉鼎

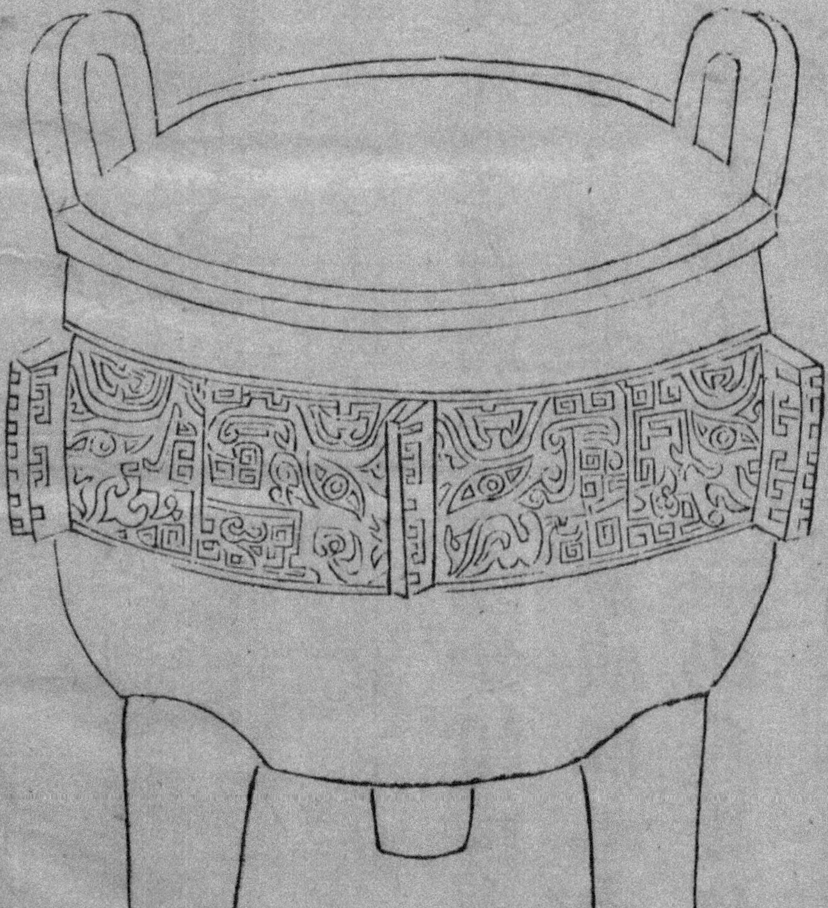

舉

右高八寸九分耳高二寸一分闊二寸四分深五寸七分口徑七寸九分腹徑九寸容一斗一升三合重十有三斤二兩三足銘一字曰舉器之銘舉者非特是鼎若父癸尊而銘

之曰中舉李公麟得古爵於壽陽而銘之曰
已舉王价得古爵於洛而銘之曰丁舉其有
見於銘者如此若杜杜舉洗而揚觶以飲平公
因謂之杜舉則又見於獻酬之制此銘一字
曰舉義有在於是歟觀其製作耳足與腹皆
純素不設文鏤而三面有饕餮狀間之雷紋
銘與商器皆近似而文過之周初器也

周威君鼎

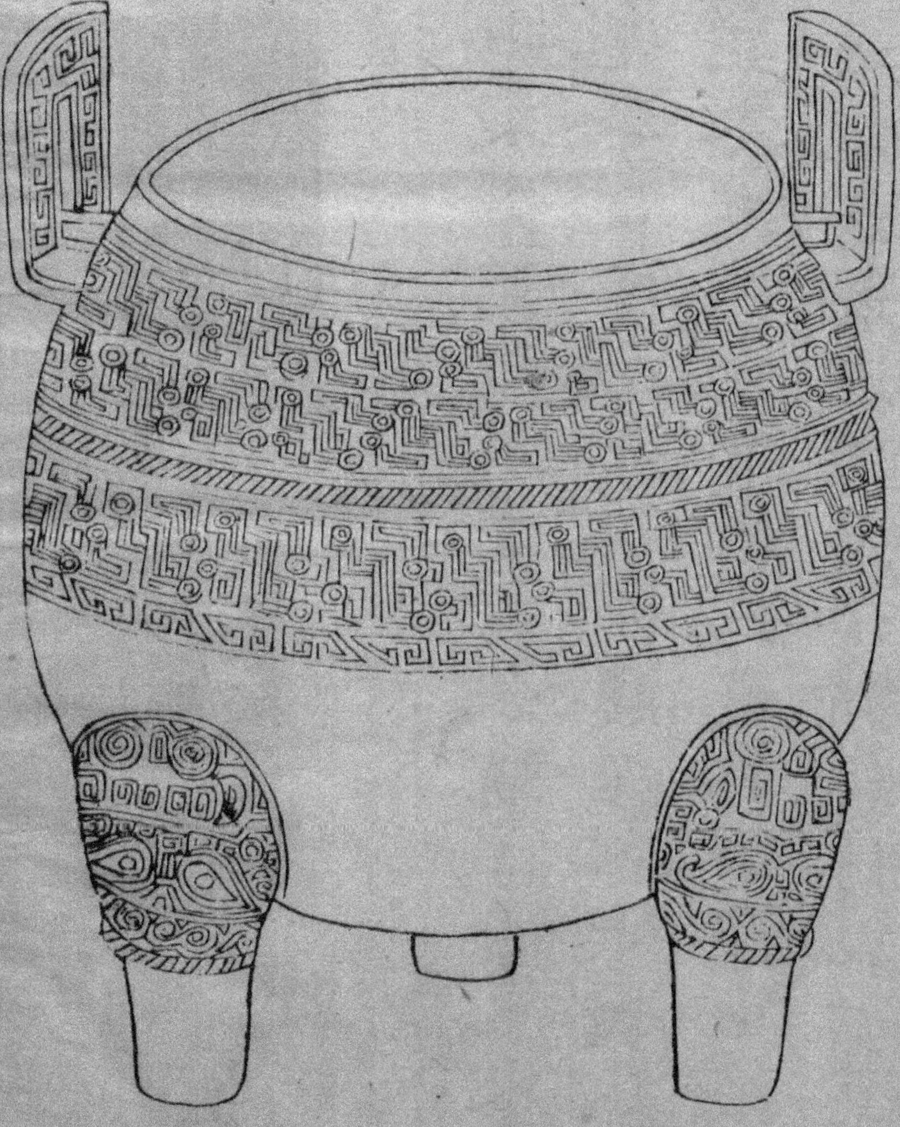

威汈君光之飼鼎

右高六寸八分耳高二寸四分闊二寸二分深五寸九分口徑七寸八分腹徑八寸六分容一升五合重八斤有半三足銘七字曰威汈君光之飼鼎者威汈君考諸經傳無所見

肰飼鼎者質之鼎彝有曰餗鼎取易覆公餗之義有曰饋鼎以為滫飯之器此曰飼者蓋飼糧也王安石以謂行食為糧是鼎得非用之於行食耶腹間作蟠虬耳飾以雲紋是皆狀獸字畫與許子鐘切類乃周末之物但闕其盖耳

周鮮鼎

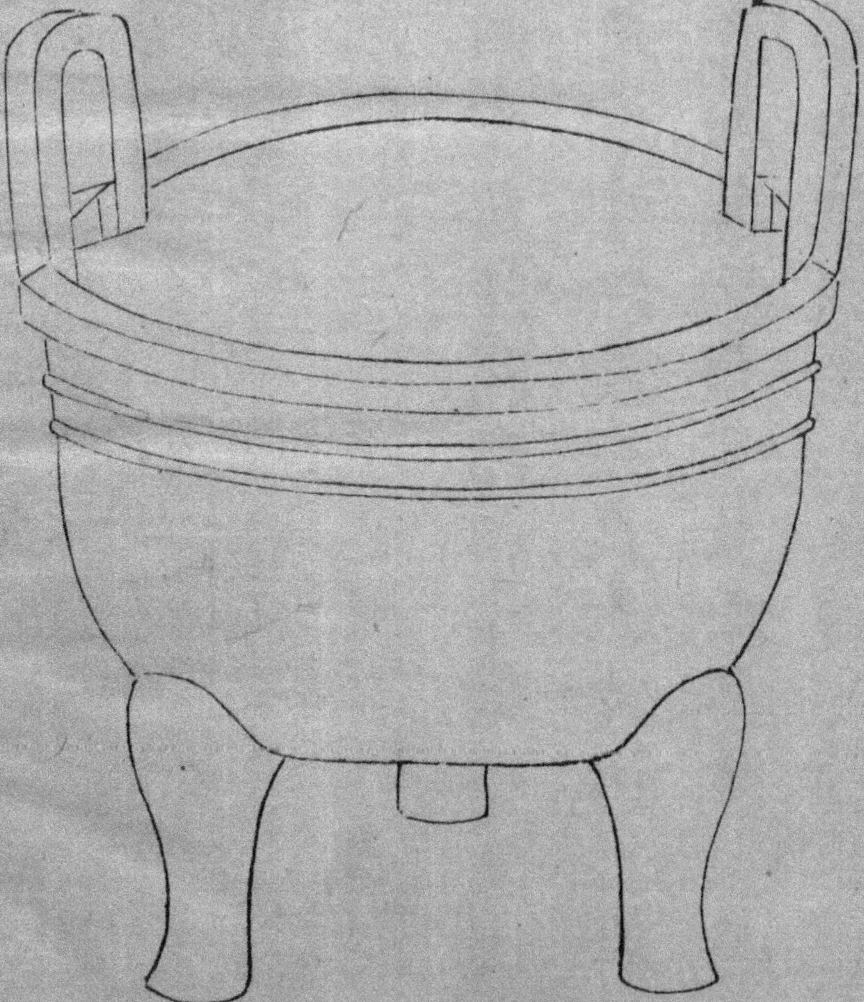

鮮

右高一尺四寸九分耳高四寸二分闊四寸八分深一尺一寸口徑一尺六寸腹徑一尺七寸五分容七升三合重五十八斤三足銘狀一魚形按詩言誰能烹魚溉之釜鬵與夫

混元所謂治大國若烹小鮮蓋烹鮮之術止
於嚴水火之齊無所用力是鼎煮烹餁奉薦
享則烹鮮有職於此故因其魚形而以鮮名
之且商之鼎彝多取象於物此鼎周器款識
簡古不加紋鏤為一魚形豈周因於商禮去
商未遠餘風猶存耶不然何以純素如此

周伯郜父鼎

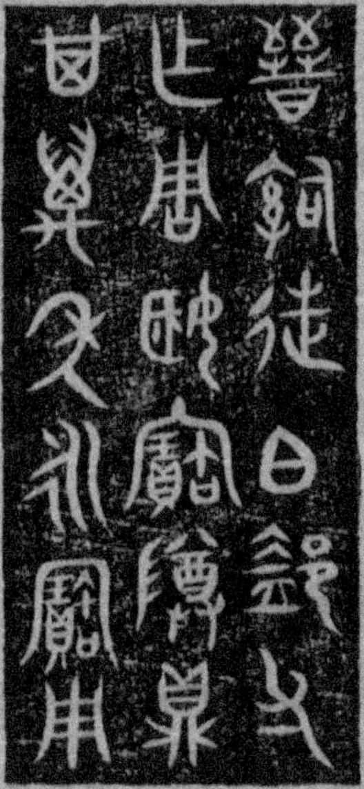

晉司徒伯𨛫父
作周姬寶尊鼎
其萬年永保用

右高六寸二分耳高一寸九分闊二寸深四寸一分口徑八寸腹徑七寸八分容六升二合重六斤有半三足銘十有八字曰晉司徒伯𨛫父按晉以僖侯諱司徒故廢司徒爲中

軍稽之周歷晉僖侯之元年實周共和之二年推而下之至周平王之四十八年魯隱公始居攝蓋百有餘年矣孔丘作春秋斷自魯隱始則前乎此列國雖有名卿大夫往往無復考按是以伯䣄父之名不見於經傳此鼎以獸飾足腹間著以蟠螭兩耳純緣皆素鬱有古風殆成康時物也

周節鼎

節

右高六寸六分耳高一寸五分闊一寸八分深四寸三分口徑六寸三分腹徑六寸六分容四升七合重六斤十有二兩三足銘一字曰節未詳其為誰疑其名也是鼎耳足純素純緣之下起六觚稜為三獸面以蟠夔雷紋為飾腹間又作垂花中著以蟬紋蟲鏤精巧其色瑟瑟寔晚周精工所致也

周仲偁父鼎

唯王五月初吉丁亥
周伯阜及仲偁父
伐南淮節孚金
用作寶鼎其萬
年子〻孫〻永寶用

右高八寸二分耳高二寸一分闊二寸三分深五寸五分口徑五寸五分容一斗二升重十有二斤三是銘三十五字夫天下有道禮樂自天子出故凡彝器名物非下可得而專若召虎之平淮夷宣王用以昭有功則於是釐爾圭瓚秬鬯一卣伯皐及仲偁父有伐南淮之勲則賜作寶鼎乃其宜也曰伯仲則又言其昆弟也詩曰伯氏吹壎指昆弟耳昆弟

皆知移孝以事其君於是有南淮之烈豈周室之作人其盛有見於斯耶其銘諸盖所以昭之也

周大叔鼎

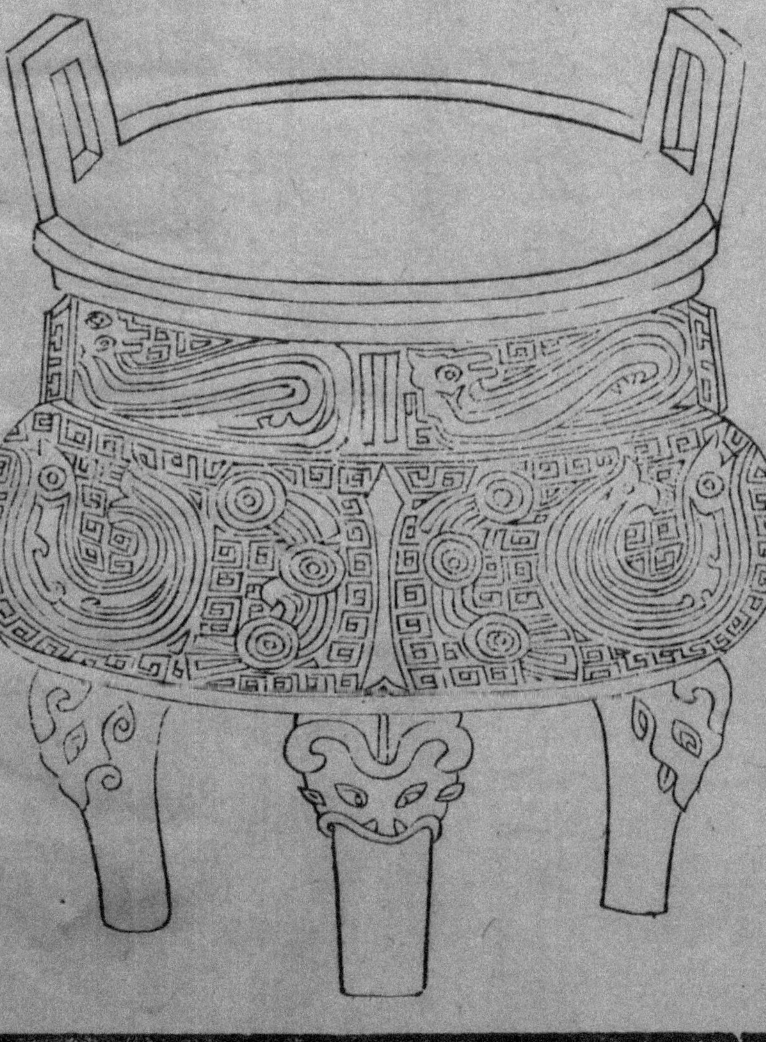

大叔作鼎

右高三寸九分耳高一寸闊八分深二寸二分口徑三寸四分腹徑四寸四分容一升重一斤十有三兩三足銘四字按春秋隱公元年書鄭伯克段于鄢蓋鄭伯者鄭莊公也莊

公弟有曰共叔段者嘗請京使居之因謂之曰京城大叔則大叔者莊公之弟耳大叔彊跋遂繕甲兵以襲鄭而公伐京焉大叔入于鄢公又伐鄢故春秋書其惡以為昆弟之戒而詩人有曰大叔于田以刺其多才而好勇者是也然則是器乃大叔居京而作之耳其為周器可知

周齊莽史鼎

齊莽史喜作寶鼎其眉壽萬年子、孫、永寶用

右高六寸八分耳高一寸八分闊二寸深四寸六分口徑七寸八分腹徑七寸九分容七升重八斤四兩三足銘一十九字曰齊莽史喜則古者太史順時覛土是為農官曰莽則

薙氏掌殺草春始生而萌之夏日至而夷之秋繩而芟之冬日至而耜之故知萟為史之職也喜疑其為名若詩所謂田畯至喜則畯亦立農之官喜或以為田畯至喜之喜商父乙鼎曰辰見北田作冊友史亦史以田言之故知為萟史明矣是器耳緣著雲雷之紋足作蹄狀文鏤增華寔周器也

周乙公鼎

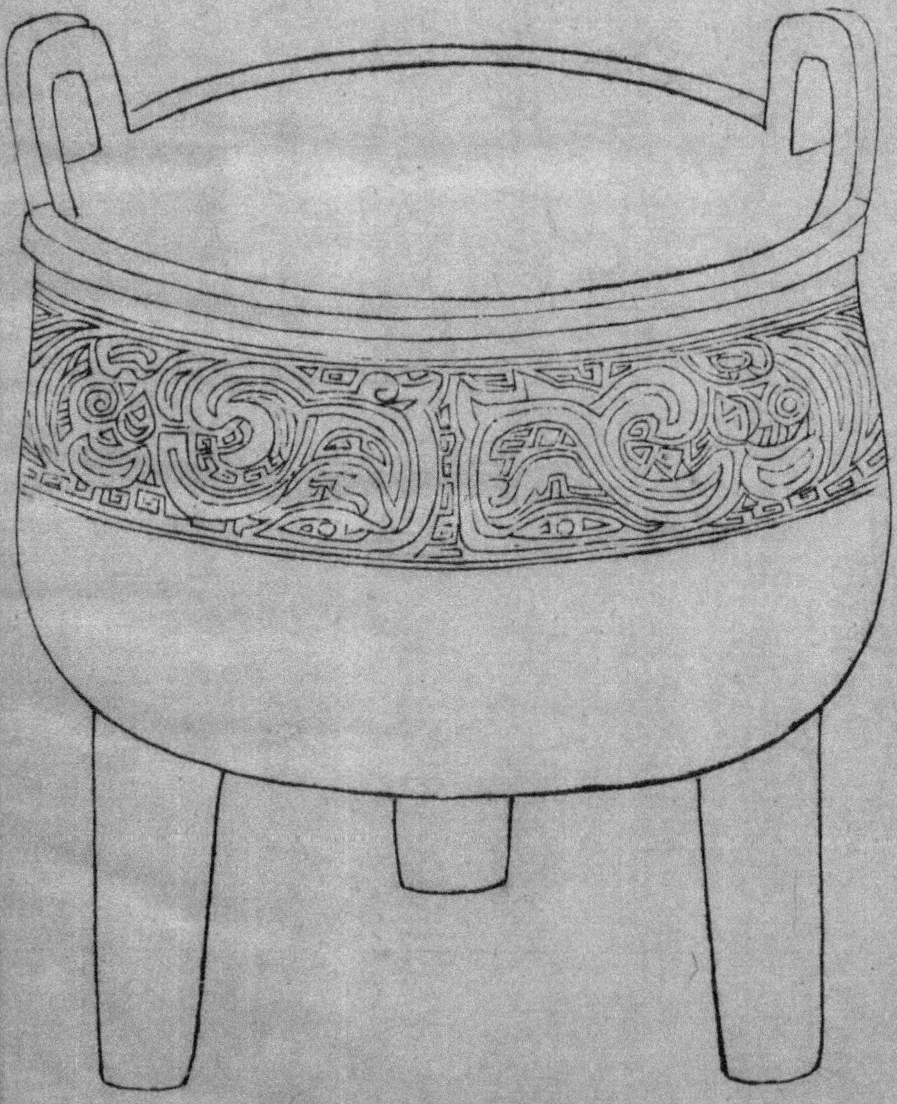

乙公作尊鼎子〻孫〻永寶

右高一尺耳高二寸闊二寸二分深六寸九分口徑一尺一寸一分腹徑一尺一寸三分容二斗有半重一十九斤十兩三是銘一十一字按史記齊世家太公卒百有餘年乃有乙公得立則所謂乙公者太公之後而君於齊者也觀其器蝕缺成痕蓋非周初上齊之品其亦不純於古矣

周嬇氏鼎

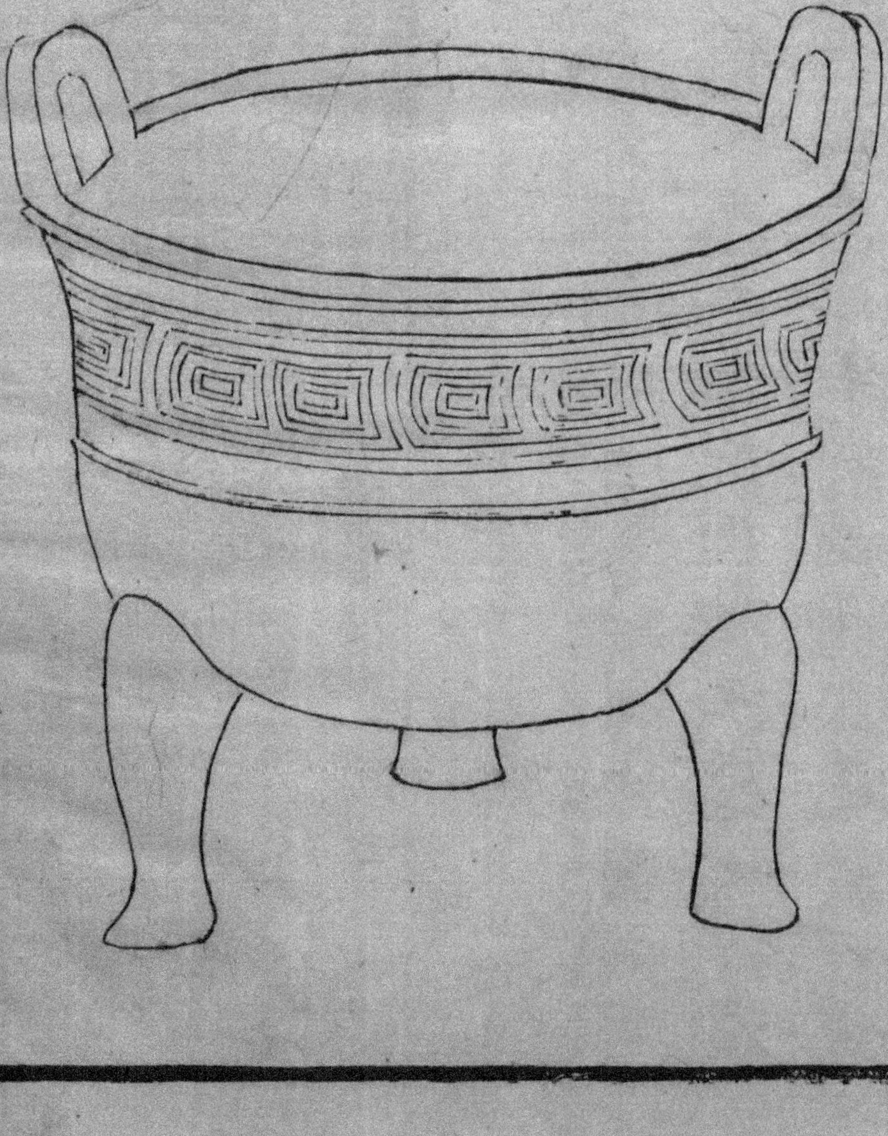

博古三　廿三

惠作㪉伯
娟氏○鼎
永寶用○冊冊

右高九寸三分耳高二寸闊一寸八分深六寸有半口徑一尺五分腹徑一尺容一斗六升四合重一十二斤十有四兩三足銘一十

三字按許慎嫄通作妘祝融之後姓也富辰有曰叔妘而韋昭以妘為妘姓之女今散伯雖於傳無見蓋亦祝融後姓而叔妘之族歟𠕁冊也許慎謂象其札一長一短中有二編之形符命也諸侯受命於王者故尊鼎之間類多作此

周賓父鼎

師寏父作
季姞尊鼎

右高六寸三分耳高一寸六分闊一寸七分
深四寸一分口徑七寸六分腹徑七寸七分
容五升有半重六斤三兩三足銘八字師寏

父於經傳無所見惟周有簋蓋銘曰姬寏母
而此曰師寏父豈非作簋者寏之母而作鼎
者寏之父耶姬言其姓師舉其官耳吉姓也
左氏外傳有曰伯吉義母作匜有曰仲吉而
此曰季吉殆其族耶謂之尊鼎與魯公作文
王鼎而曰尊彝同意

周尨生鼎

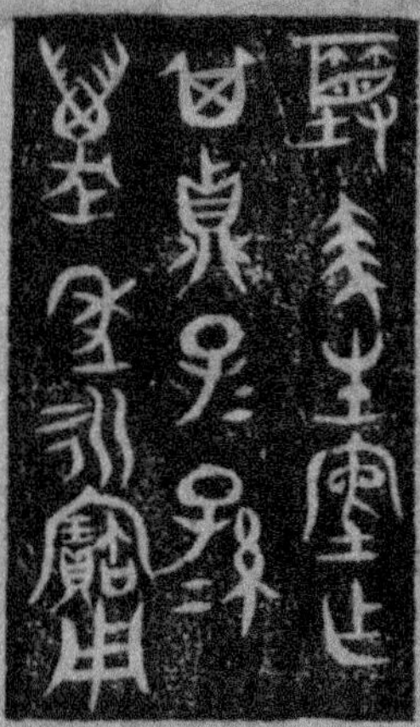

○尨生室作
其鼎子子孫孫
萬年永寶用

右高六寸九分耳高二寸闊一寸五分深四寸九分口徑八寸六分腹徑八寸五分容八升七合重九斤三足銘十六字按左傳后羿有臣曰尨圉鄭有大夫曰公子尨此鼎雖古而款識曰年已非有夏之制則尨不可為尨圉殆所謂公子尨耶謂之生亦猶韐敲曰尿生之類是歟

周絲駒父鼎

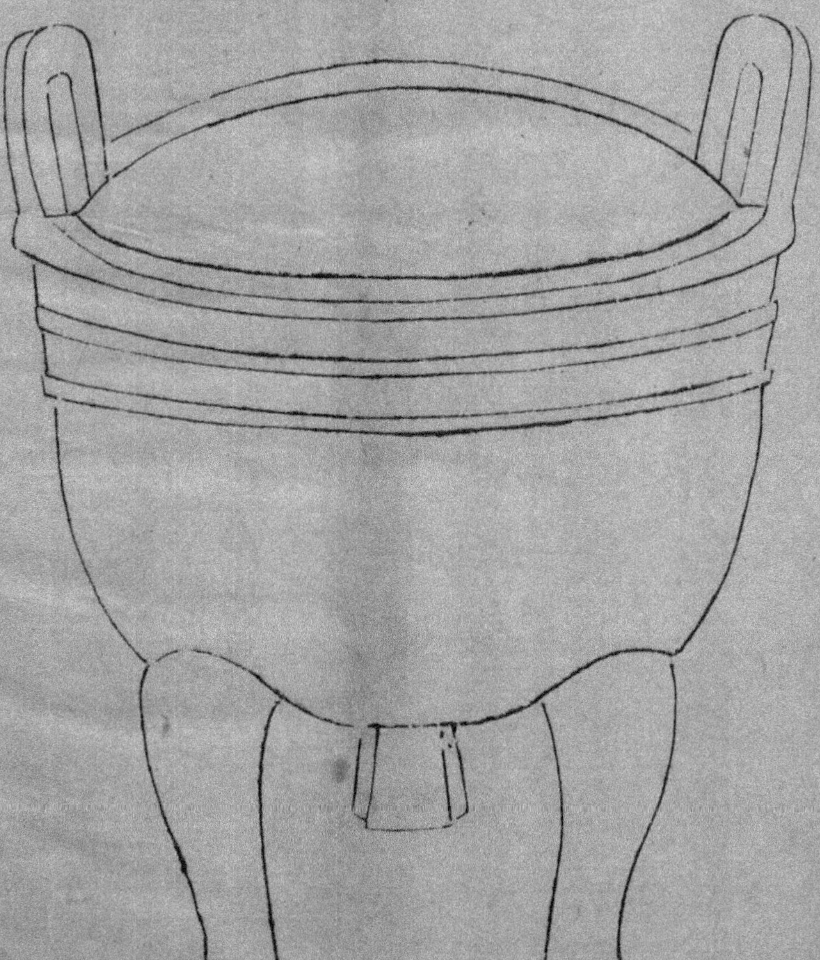

絲駒父作
旅鼎永寶用

右高六寸九分耳高一寸八分闊二寸深四寸六分口徑八寸一分腹徑七寸九分容六升七合重五斤十有五兩三是銘九字曰絲駒父作旅鼎永寶用絲字頗漫滅未詳曰駒

父則令所藏敔有仲駒父作仲姜敔左傳則有駒伯為郤克軍佐駒其姓也有公子駒奔衛則駒其名也此曰駒父其同駒伯為姓耶曰旅鼎則燕禮所謂士旅食左傳所謂庭實旅百之旅也通體純素而商之簡古尤存特銘款加詳知周物也

周豐鼎

豐用作玫
䵼彝

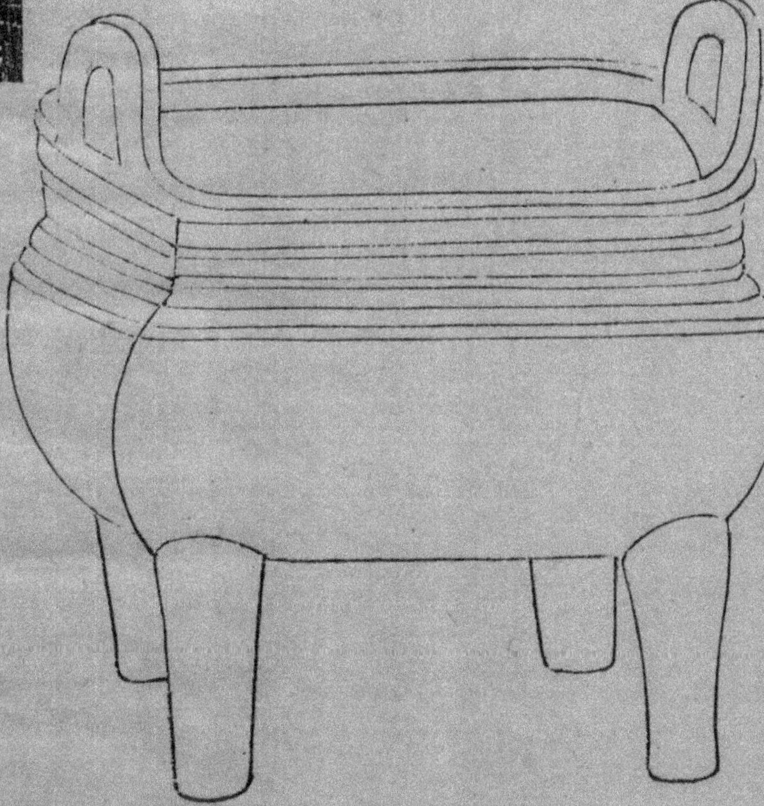

右高三寸二分耳高八分闊八分深一寸九分口徑長三寸二分闊二寸七分腹徑長三寸九分闊三寸三分容七合重一斤二兩四是銘六字曰豐用作玖𩰫彝豐名也凡彝器不可得而專有必賜於君然後敢製焉謹君命而銘之故於是書其名是器如簋比它器為特小然銘文典古三代物也

周師秦宮鼎

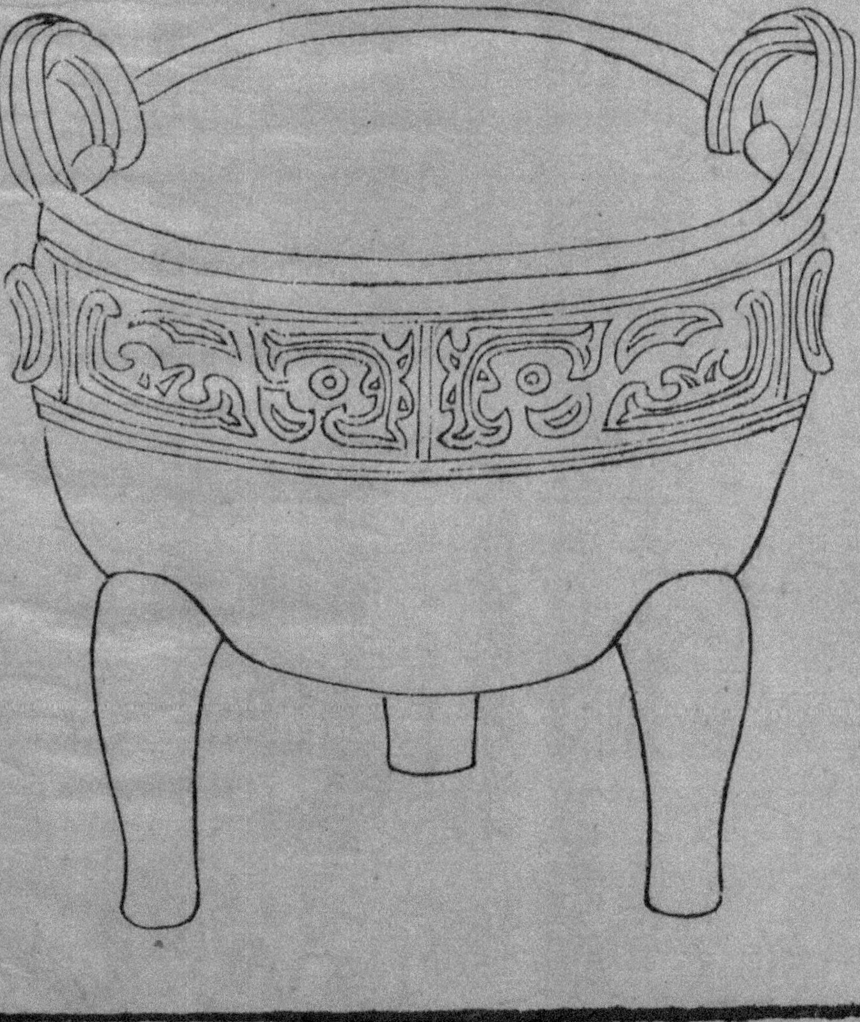

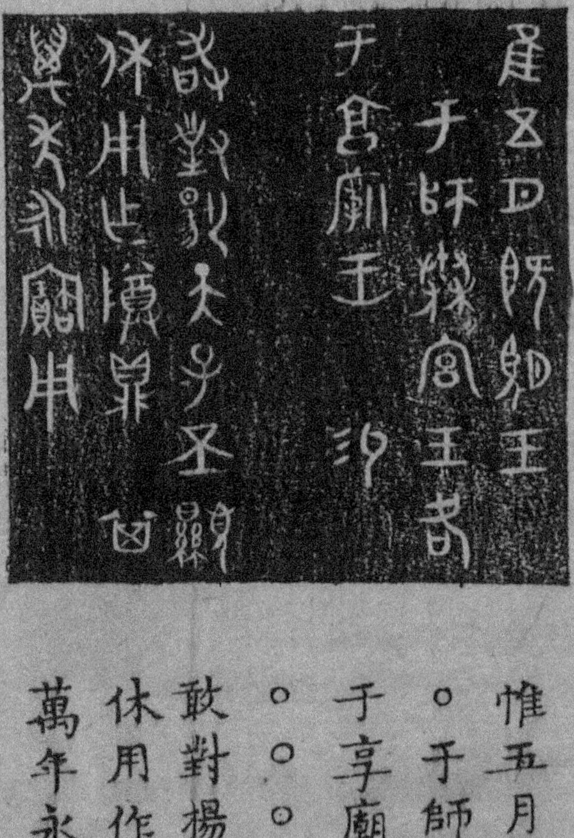

惟五月既望王○
○于師秦宮王格
于享廟王○錫○
○○○○○○○
敢對揚天子丕顯
休用作尊鼎○其
萬年永寶用

右高一尺耳高二寸五分闊二寸六分深七寸二分口徑一尺八分腹徑一尺容二斗重十有七斤銘四十七字磨滅不可考者十有二字曰惟五月既望者猶書朏望生明生魄以紀時紀日也其曰師秦宮則師秦之宮以名其人猶師䧁師毀也王格于享廟而有錫焉則錫命而賞于祖也臣受命于君則當有以對揚之詩曰對揚王休書曰對揚天子之

休命此言敢對揚天子丕顯休蓋亦如是夫
然後可以作鼎保用而視之以萬年為詞云

周子父舉鼎

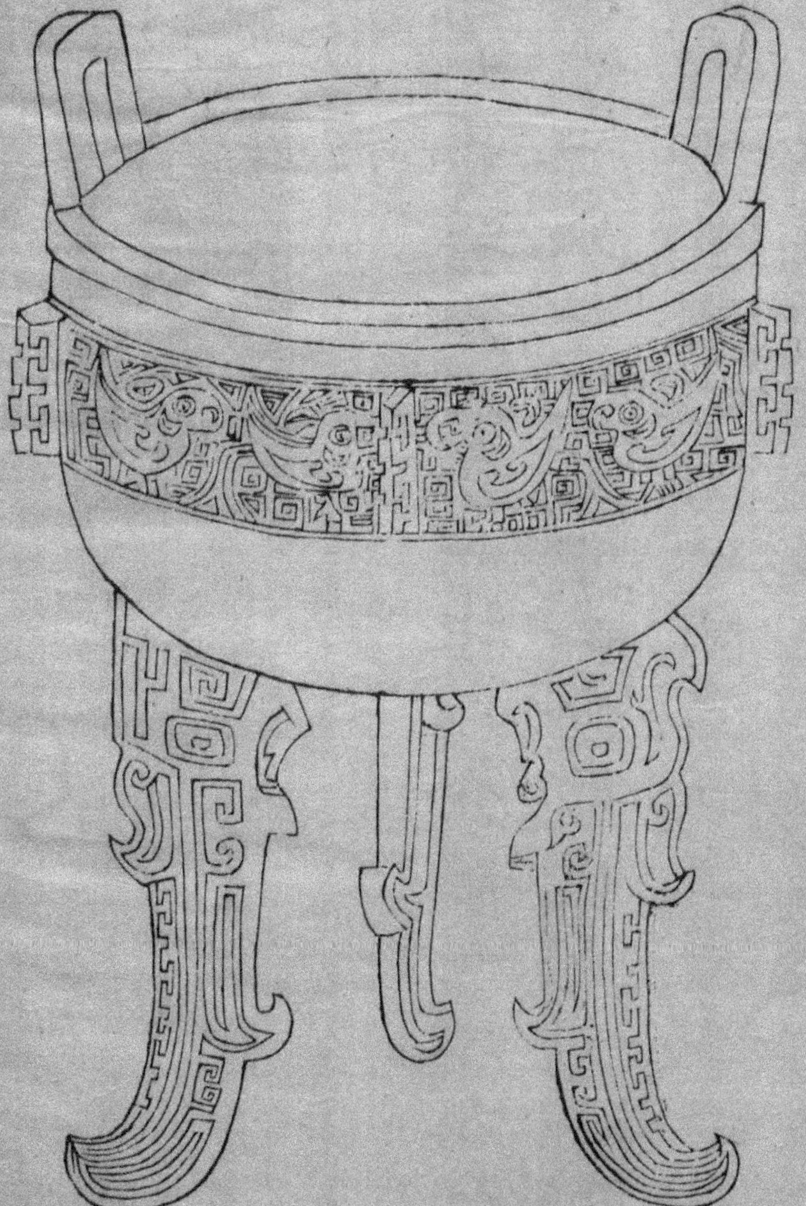

子父舉

右高九寸四分耳高一寸八分闊一寸九分深四寸一分口徑七寸二分腹徑六寸五分容四升六合重六斤十有二兩三足銘三字是器耳與腹皆素純緣之外以夔龍雷篆間

飾是亦作夔狀比他鼎形制為特高銘曰子
父按古者父為大夫子為士則葬以大夫祭
以士父為士子為大夫則葬以士祭以大夫
是祭父皆從其子而鼎者祭所用之器又以
銘表著其祖考之美故祭統曰鼎有銘自名
者也是鼎也銘雖無文而特以子父識之其
下又為舉字蓋取其以手致而與人之意則
知用之於父盡力以致享而不敢虛美其先

者也

周䜌鼎蓋

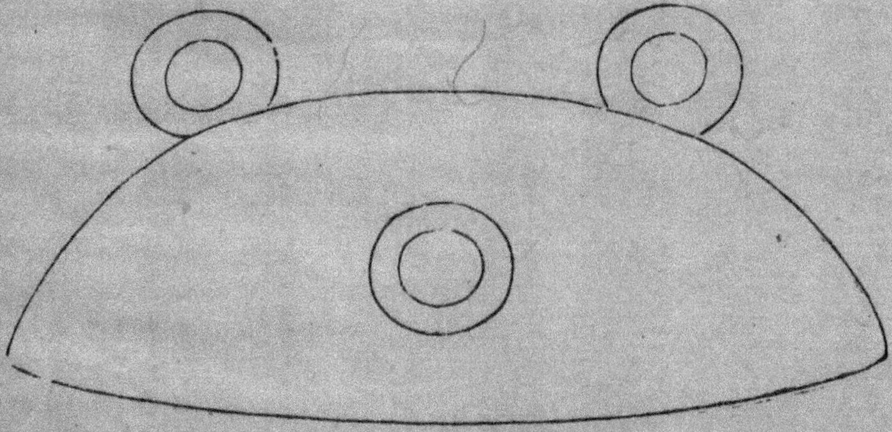

宋公䜌之餗鼎

右高一寸八分深一寸四分三圜環各徑圍一寸重二斤十有三兩銘六字曰宋公䜌之餗鼎且春秋帝乙之後微子為宋公都商丘大辰之墟自微子至景公蓋三十六年獲麟

之歲景公者名欒是所以為宋公欒也作餗鼎者食器也易曰鼎折足覆公餗則銘以餗亦以為飲食之節而已今所藏一鼎銘曰王命散欒一鼎曰欒女皆一時物也然二器皆名之周蓋微子得用先王禮樂於周為客是宋也而謂之周

周宋夫人鼎蓋

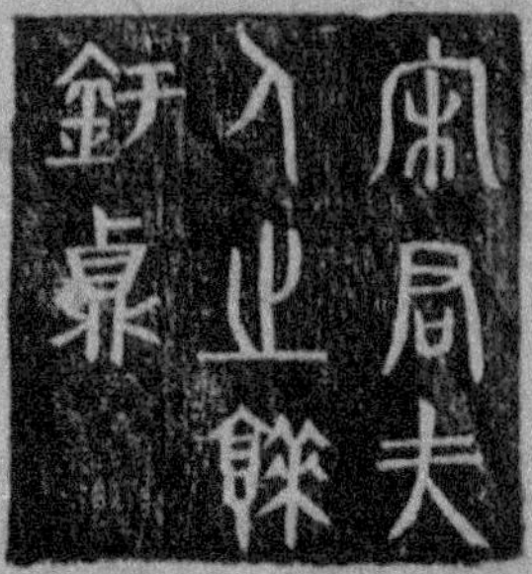

宋君夫
人之餗
釪鼎

右高一寸九分口徑六寸八分重二斤七兩
銘八字曰宋君夫人之餗釪鼎古者邦君之
妻君稱之曰夫人夫人自稱曰小童邦人稱
之曰君夫人此言宋君夫人者邦人稱之也

餗鼎實也猶易鼎卦之言公餗也惜乎不得其全考諸款識有曰宋公欒之餗鼎者而此謂之宋君夫人其字畫又切相類殆同時所造也

博古圖錄考正卷第三

博古圖録考正卷第四

鼎四 三十一器

周

百乳方鼎一

百乳方鼎二

龍鼎

蟠虬鼎一

蟠虬鼎二

蟠虺鼎

蟠螭鼎一

蟠螭鼎二

蛟螭鼎一

蛟螭鼎二

蛟螭鼎三

蟠夔鼎

蟬紋鼎一

蟬紋鼎二

蟬紋小鼎

蟠夔鼎一

蟠夔鼎二

蟠夔平蓋鼎

夔龍雷紋鼎

夔龍侈口鼎

饕餮鼎

圜腹饕餮鼎
盤雲饕餮鼎
素饕餮鼎
獸足鼎一
獸足鼎二
獸足鼎三
鱗紋鼎一
鱗紋鼎二

獸縁素腹鼎一

獸縁素腹鼎二

周百乳方鼎一

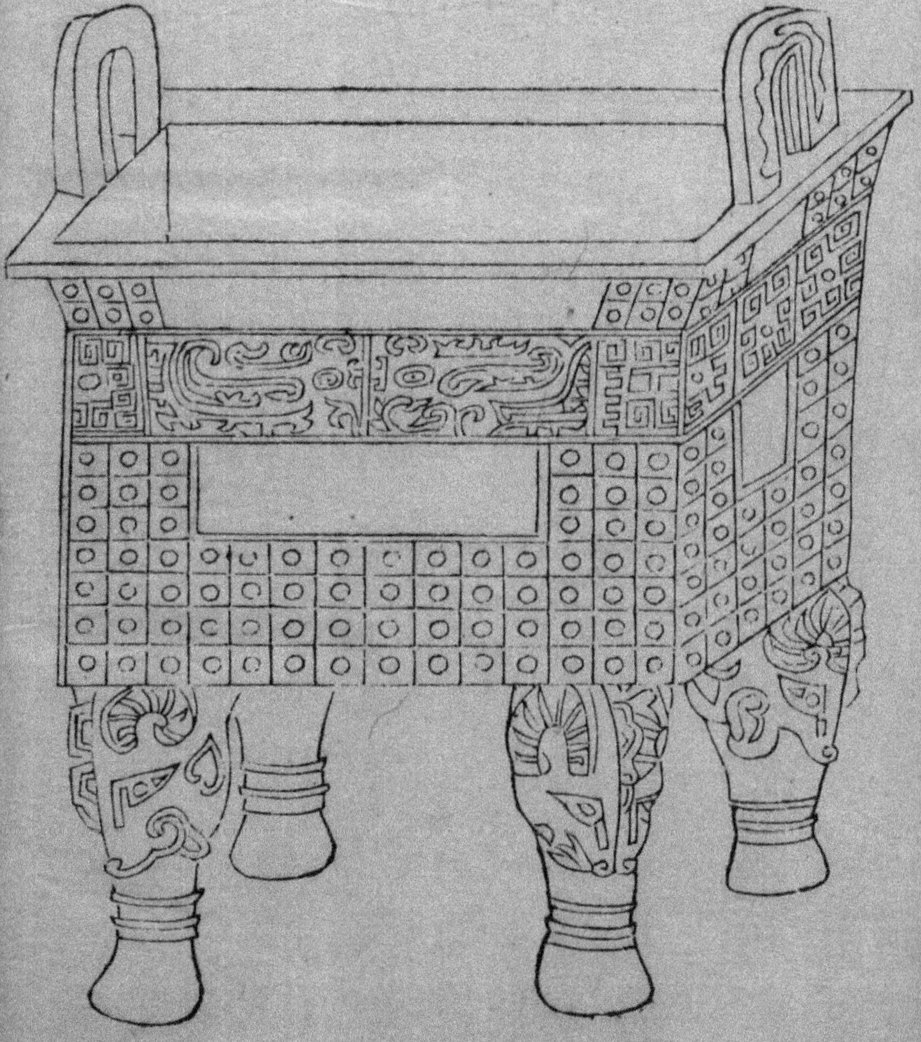

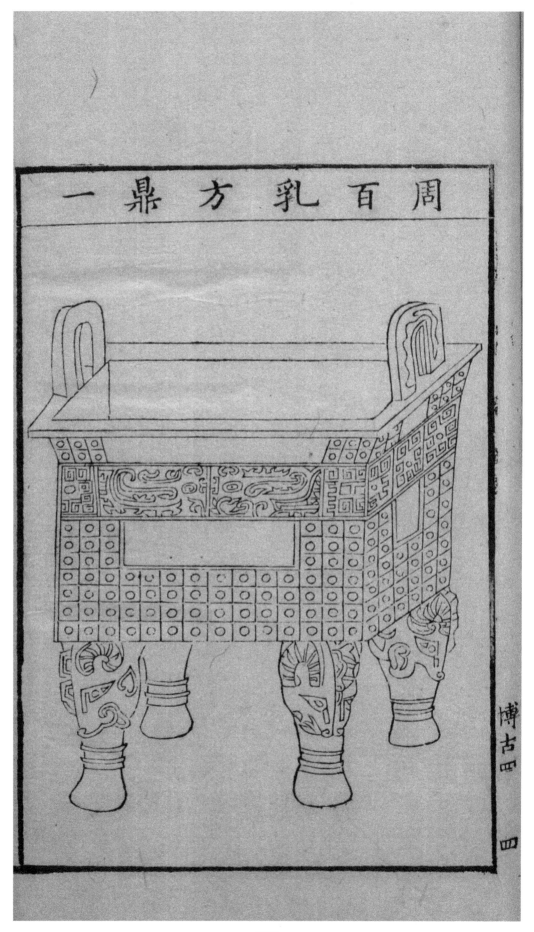

周百乳方鼎二

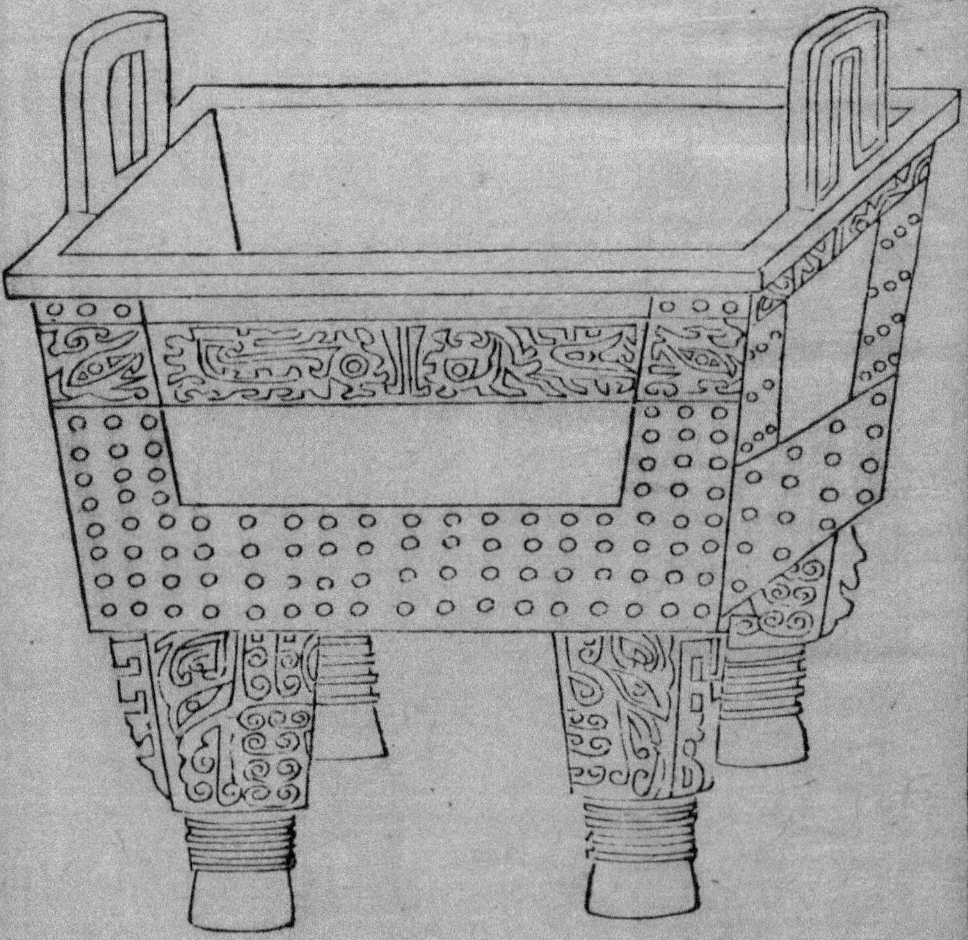

前一器高二尺二寸耳高五寸八分闊六寸深一尺二寸六分口徑長一尺七寸闊一尺二寸容一石九斗一升重八十六斤七兩四足無銘

後一器高二尺一寸六分耳高六寸一分闊七寸深一尺一寸七分口徑長一尺六寸三分闊一尺三寸六分容一石七斗重一百斤四足無銘

右二器方之諸鼎特為高大所同者周以乳形純緣之下環以饕餮所不同者前一器乃夔足而眉作蛇虺蟠屈之狀後一器足亦作夔形而鼻稜四翼屹起肽款足與體俱徹恐致水火之齊欲其易熟爾但形制質朴為衆鼎之雄寔可寶於後世者

周龍鼎

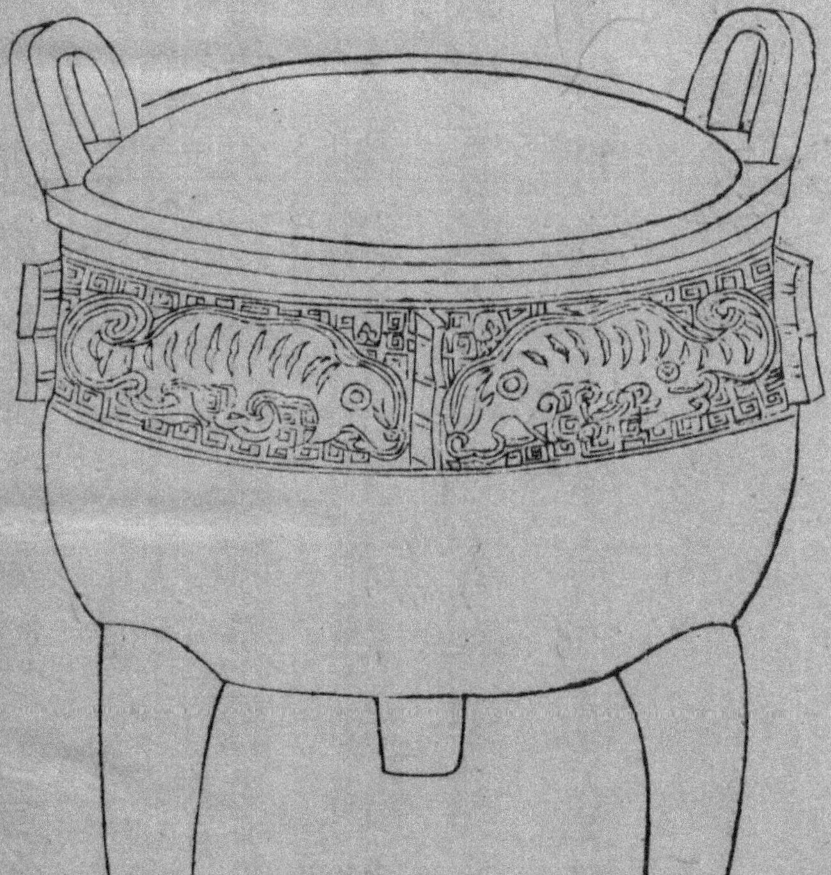

博古四　六

右高七寸一分耳高一寸七分闊一寸五分深四寸四分口徑六寸三分腹徑六寸八分容五升三合重五斤三兩無銘是器著象若龍傳曰龍以不制為龍以其升降自如能小能大或潛或躍善於變化而有利澤以及於物也鼎之烹飪可以享上帝可以養聖賢其為用大矣所以特取象於龍蓋以求配其類也

周蟠虬鼎一

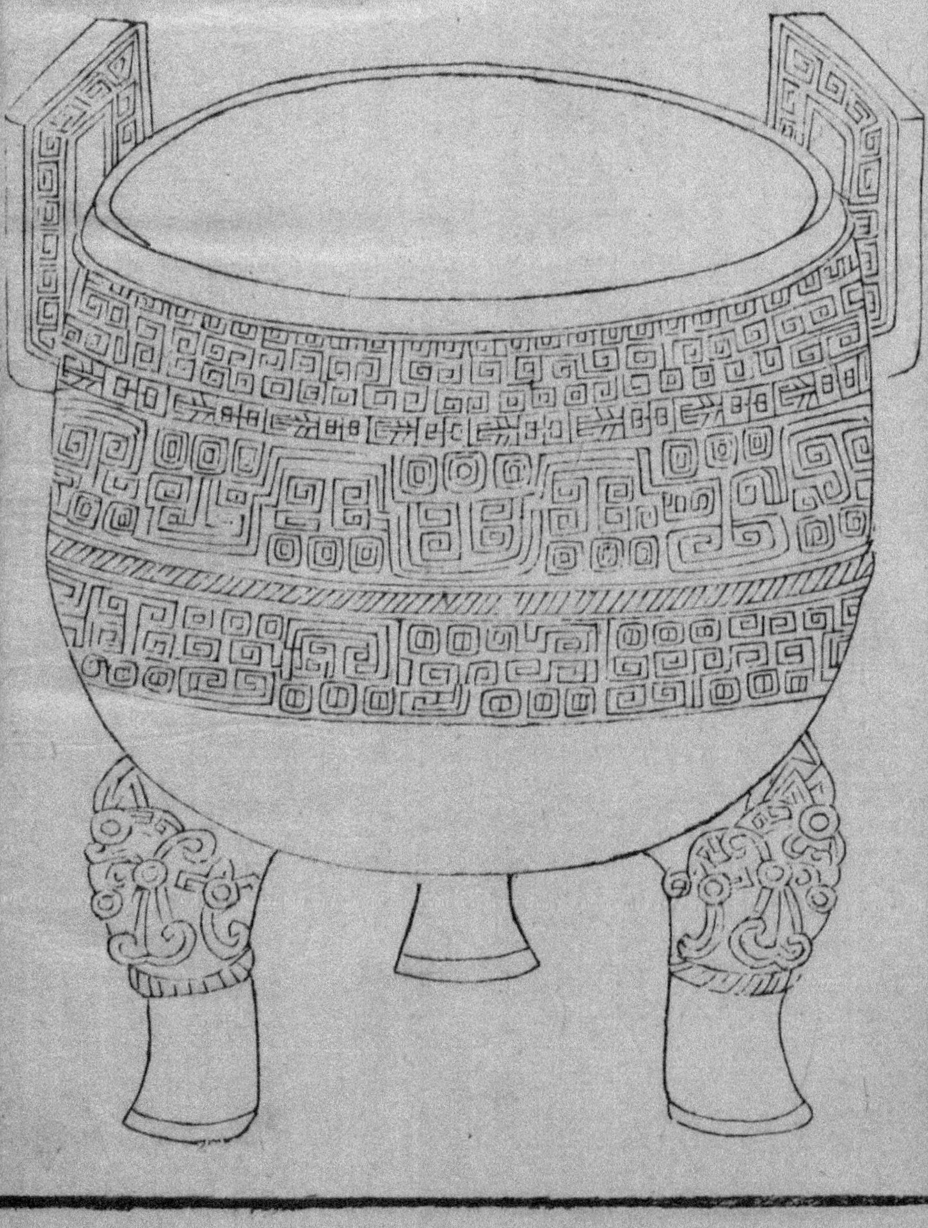

博古四　七

周蟠虬鼎二

前一器通蓋高一尺二寸闕一字分耳高三寸二分闊二寸二分深七寸闕一字分口徑九寸八分腹徑一尺二分容二斗共重一十九斤十有二兩三足無銘

後一器高五寸耳高一寸五分闊一寸六分深三寸二分口徑七寸六分腹徑六寸七分容四升重三斤七兩三足無銘

右前一器通蓋以蟠虬為之飾三足皆獸狀

腹周以綯紐蓋頂設六拱乘環後一器底平與它鼎稍異三足素而無紋惟純緣飾蟠虬之形二器皆以蟠虬為之飾亦以示其不可安動之意

周蟠虺鼎

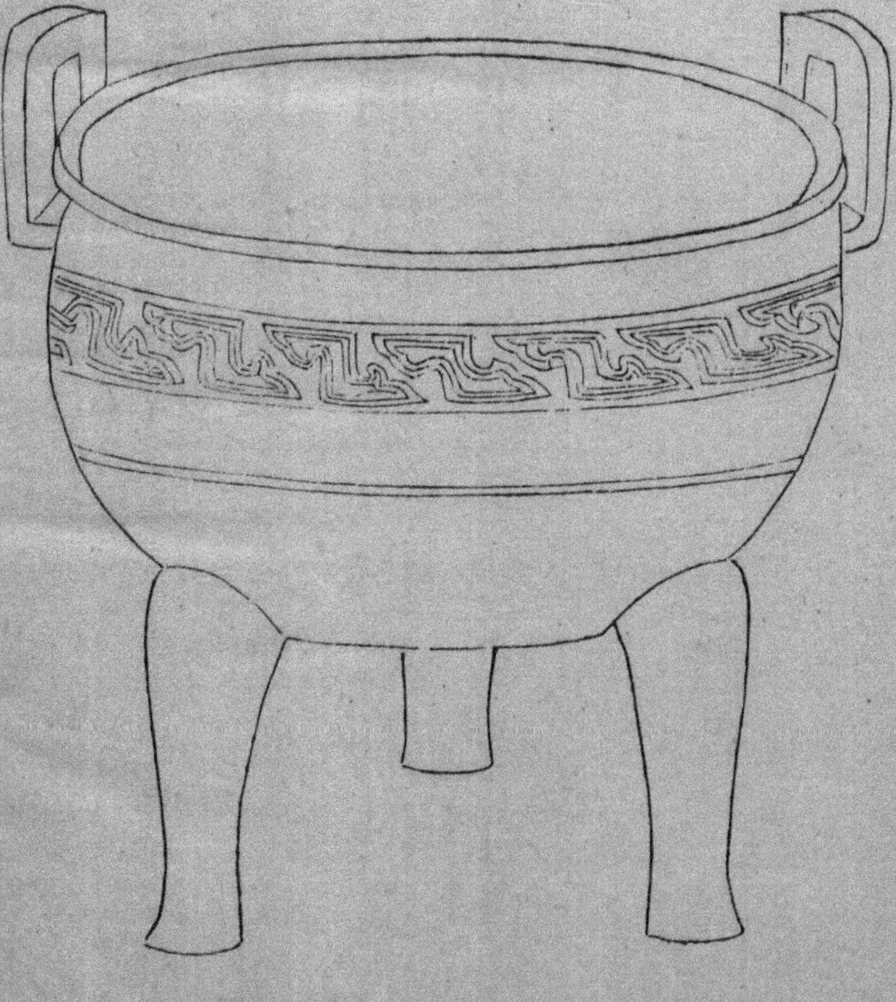

博古四 十

右高六寸五分耳高一寸五分闊一寸八分深三寸二分口徑八寸一分腹徑八寸二分容四升七合重七斤有半三足無銘形制簡古耳足純素周腹作蟠虺狀以虺為飾盖取其備物者鼎所以為象也此虺之紋有自作焉

周蟠螭鼎一

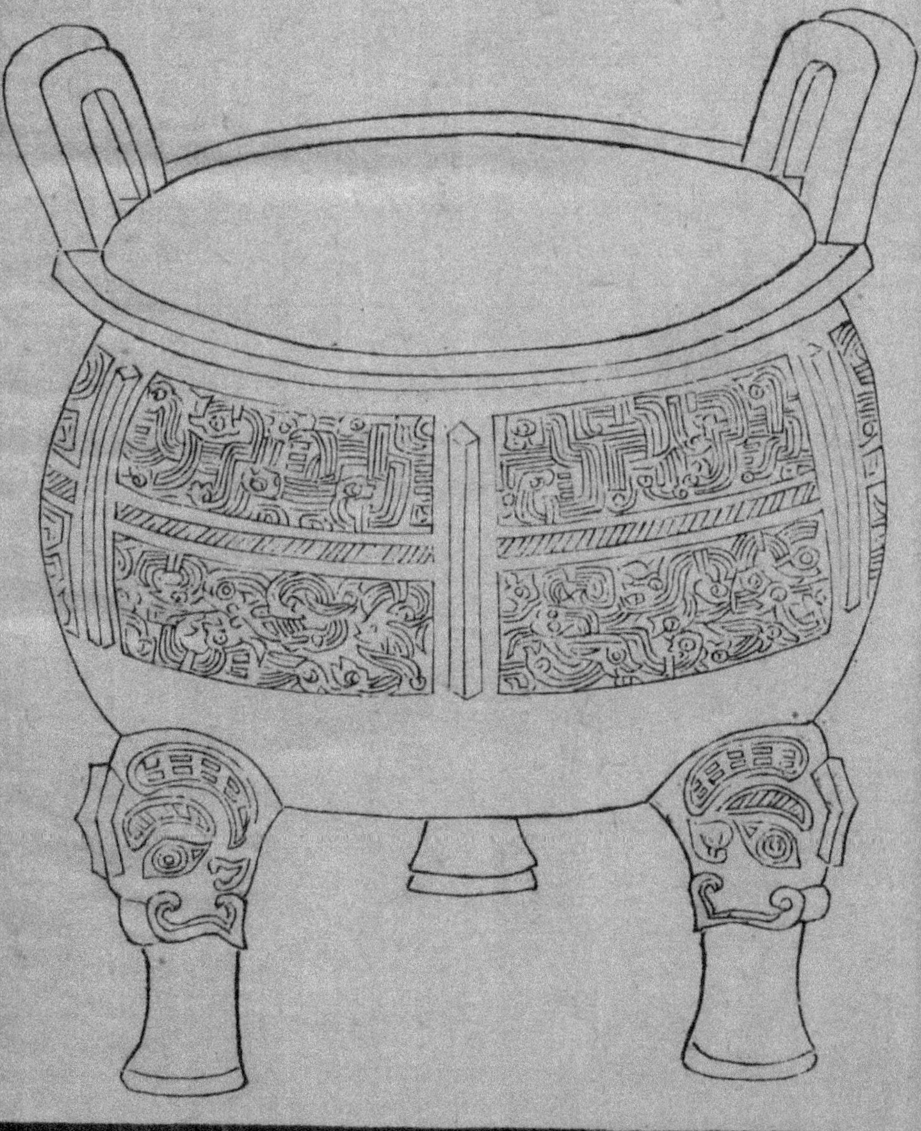

周蟠螭鼎二

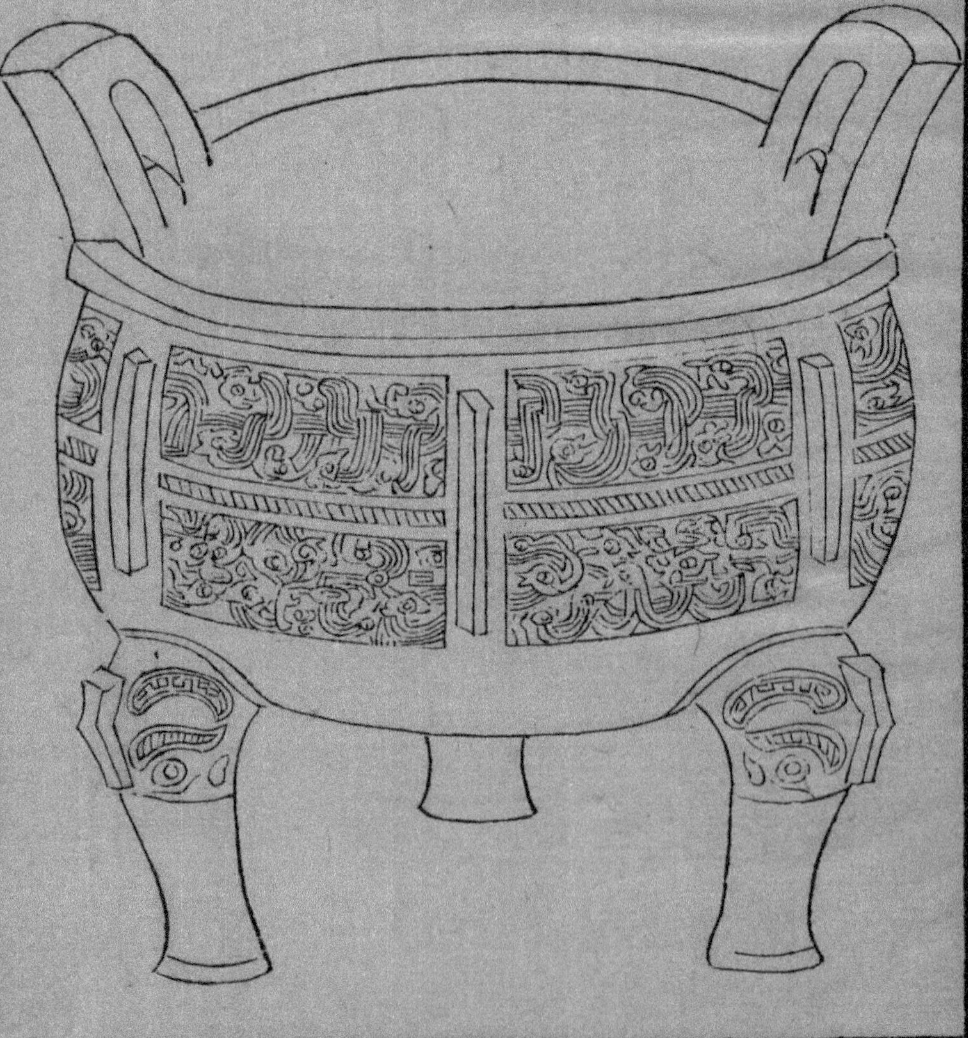

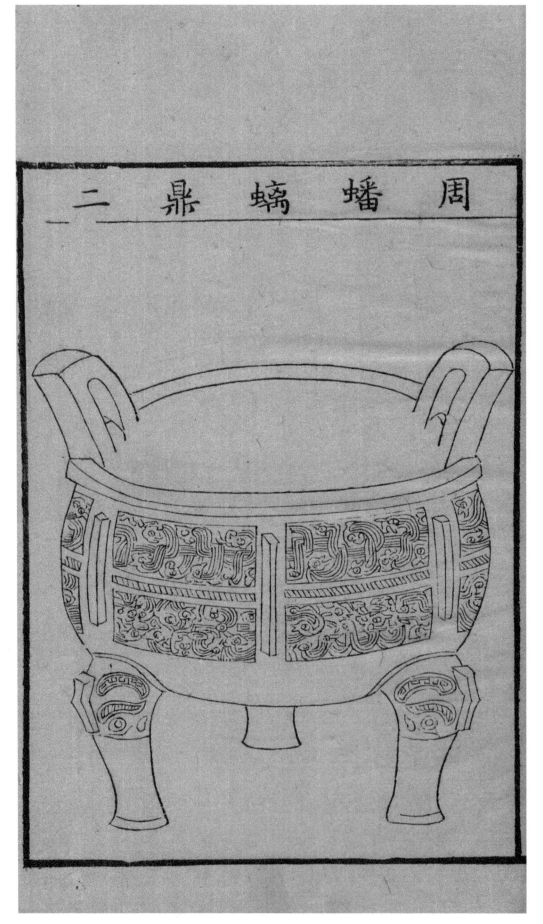

前一器高一尺二寸七分耳高三寸七分闊三寸六分深七寸口徑一尺五寸七分腹徑一尺五寸容四斗四升重二十四斤八兩三足無銘

後一器高一尺二寸九分耳高四寸闊三寸六分深七寸二分口徑一尺五寸腹徑一尺五寸四分容四斗闕一字升重二十六斤三足無銘

右二器腹間飾以蟠螭狀隱起觚稜兩耳皆偃而純素三足各設獸首製作悉同尤爲珍異

周蛟螭鼎一

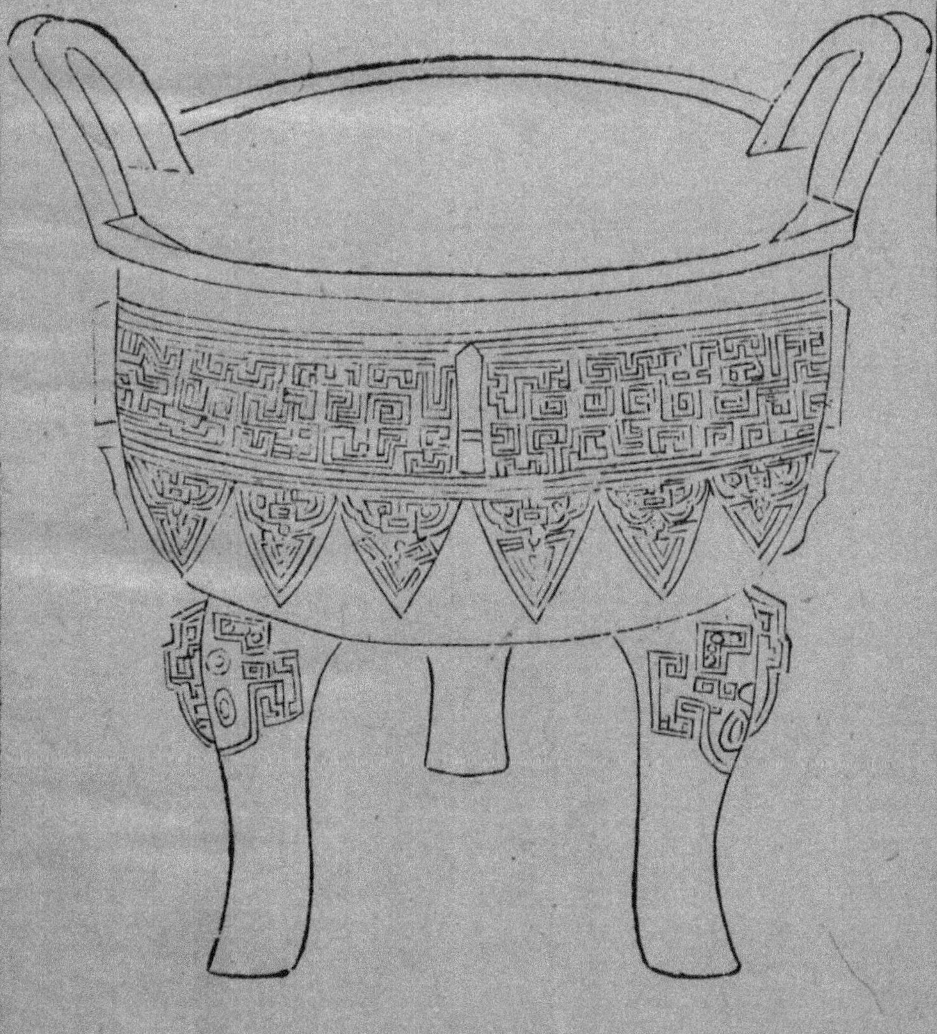

博古四 十三

周蛟螭鼎二

周蛟螭鼎三

前一器高八寸二分耳高二寸闊二寸五分
深四寸八分口徑一尺八分腹徑一尺五分
容一斗四升重十有六斤八兩三㐅無銘
次一器高八寸二分耳高二寸四分闊二寸
五分深四寸四分口徑九寸容一斗一升重
十有三斤三㐅無銘
後一器高八寸四分耳高二寸闊二寸四分
深四寸八分口徑一尺八分腹徑一尺五分

容一斗三升五合重十有六斤六兩三足無銘

右前一器耳有粟紋腹有垂花左右蟠以蛟螭而足如之次一器以牛足為三足耳作綯紐而周以蛟螭之飾後一器耳足純素純緣之外作蛟螭盤紆之狀比它鼎侈口而底稍平蛟龍類而小螭似龍而無角皆為物之（闕一字）昔人故象（闕一字）於此焉

周獸足蟠夔鼎

博古四　十六

右高一尺耳高二寸六分闊三寸一分深六寸五分口徑一尺三寸二分腹徑一尺二寸五分容二斗六升重二十五斤三足無銘是器通體作蟠夔狀兩耳飾以雷紋足為獸首口侈而圜歷年滋久土花浸漬考之製作實三代物𪟝與周器無異故以周云

周蟬紋鼎一

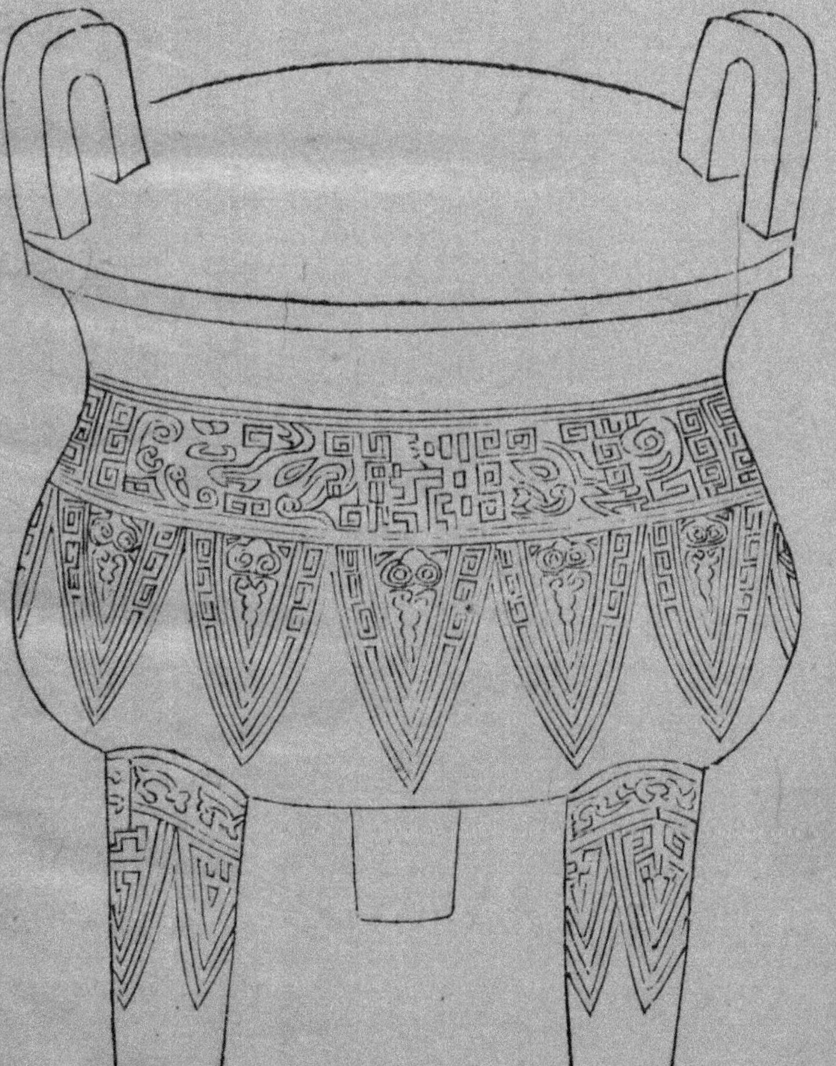

高五寸九分耳高二寸三分闊一寸五分深
三寸七分口徑五寸八分腹徑五寸二分容
三升重三斤十有三兩三是無銘

周蟬紋鼎二

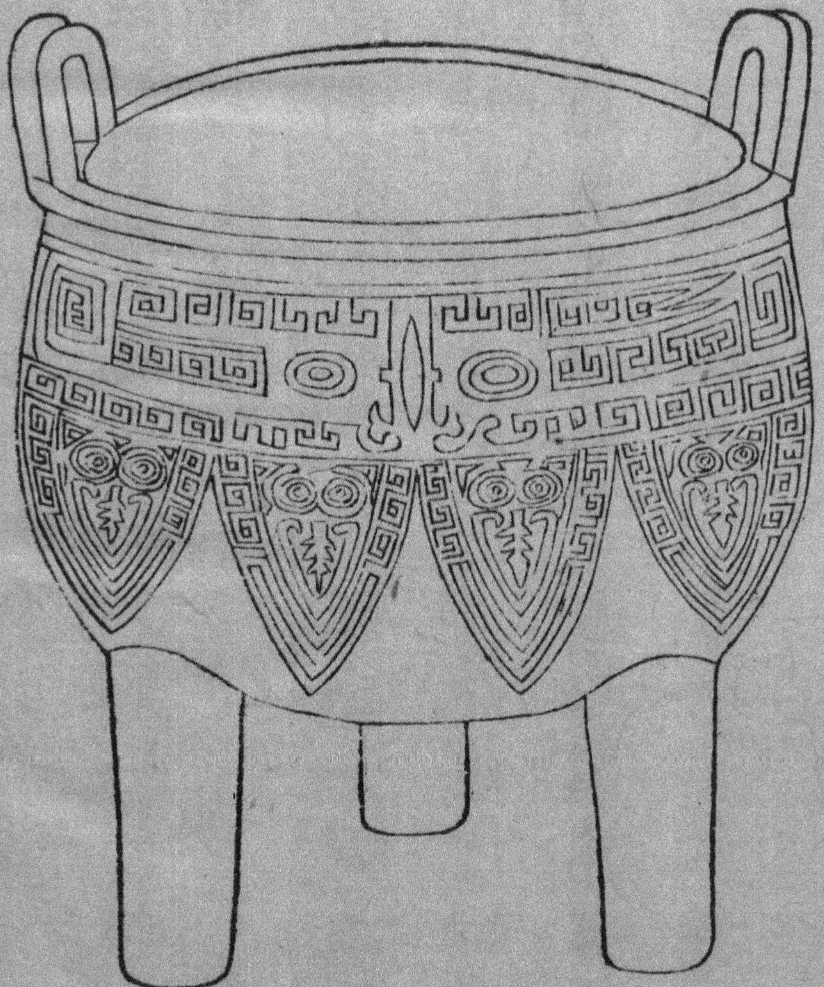

高五寸耳高一寸闊一寸一分深二寸八分

口徑四寸三分腹徑四寸四分容一升四合

重二斤一兩三足無銘

右前一器形制類乙毛鼎飾以饕餮間之雷

篆下以蟬紋狀垂花之形後一器腹作蟬紋

加以夔龍間錯盖易以鼎言象其擬諸形容

者故自有理蟬雖曰微物而可以喻大者以

其纏貪汙者之義也

周蟬紋小鼎

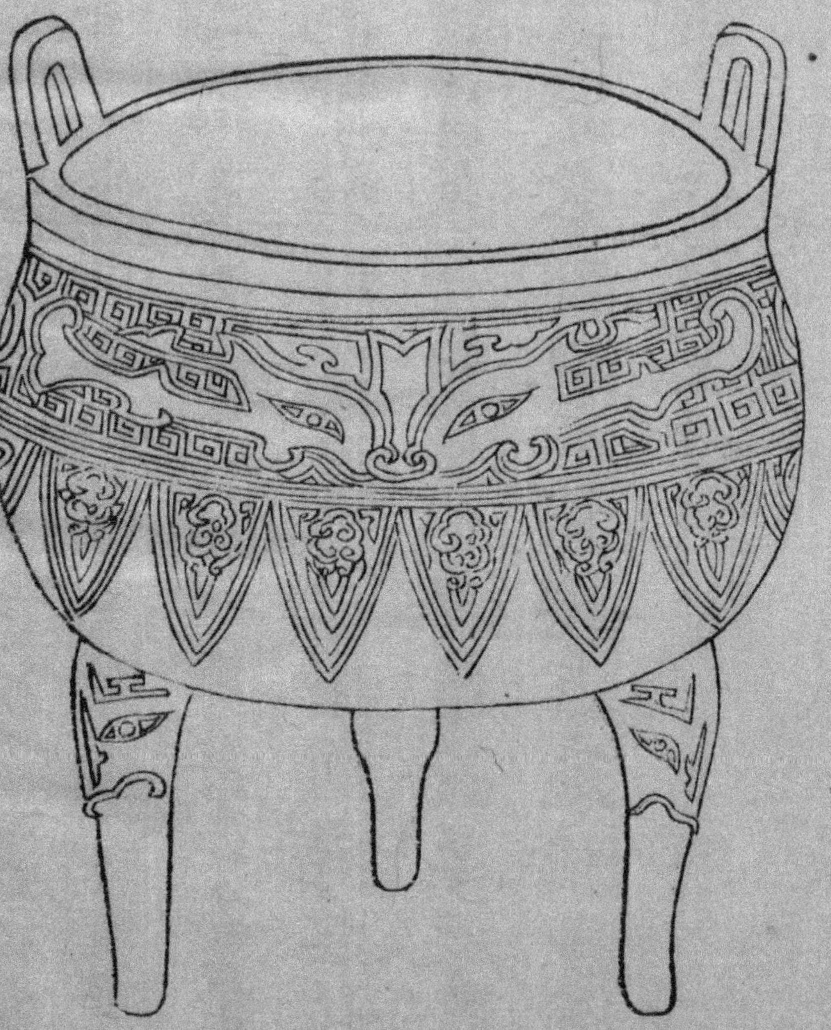

右高四寸八分耳高九分闊六分深二寸七分口徑四寸二分腹徑四寸五分容一升三合重一斤二兩三是無銘按此器著以夔龍垂以蟬紋而下極鋭製錬之工與周鑾鼎相類昔徐廣謂侍臣加貂蟬以取清高鼎之為飾安知其無是意耶況五德圜具廉儉兼之是亦食器之間所宜尊者也

周蟠夔鼎一

博古四　二十

周蟠夔鼎二

前一器高九寸三分耳高二寸六分闊二寸九分深六寸一分口徑九寸六分腹徑一尺四分容一斗七升有半重十有五斤三足無銘後一器高七寸二分耳高二寸闊二寸一分深四寸六分口徑八寸腹徑八寸三分容七升六合重七斤二兩三足無銘

右二器素耳獸足腹著蟠夔間以雷紋與蟠夔平蓋鼎切相類蓋一等物也

周蟠夔平盖鼎

右通蓋高六寸九分耳高二寸六分闊一寸八分深四寸九分口徑七寸腹徑七寸四分容七升共重四斤十有二兩三是無銘是鼎製作蟲鏤精妙而腹著蟠夔非秦漢冶鑄之所能及頂蓋平上設四環周以雷紋比他周鼎爲小異寔晚周物也

周夔龍雷紋鼎

博古

右高八寸八分耳高二寸二分闊二寸八分深五寸三分口徑七寸九分腹徑八寸七分容一斗三升重一十三斤五兩三足無銘按是鼎三面各作夔龍形而間以雷紋夔一足山林之異獸又曰神魖古人作字以象其首足蓋防其為害昔禹之治水十一年於外非惟水之為治凡所以為民害者莫不去之故孟子謂驅龍蛇而放之菹及其已事則貢金

九牧鑄鼎象物使民入川澤山林不逢不若
故魑有魑魅魍魎莫能侵之今鼎之三面各
為夔龍得不傚是焉

周夔龍侈口鼎

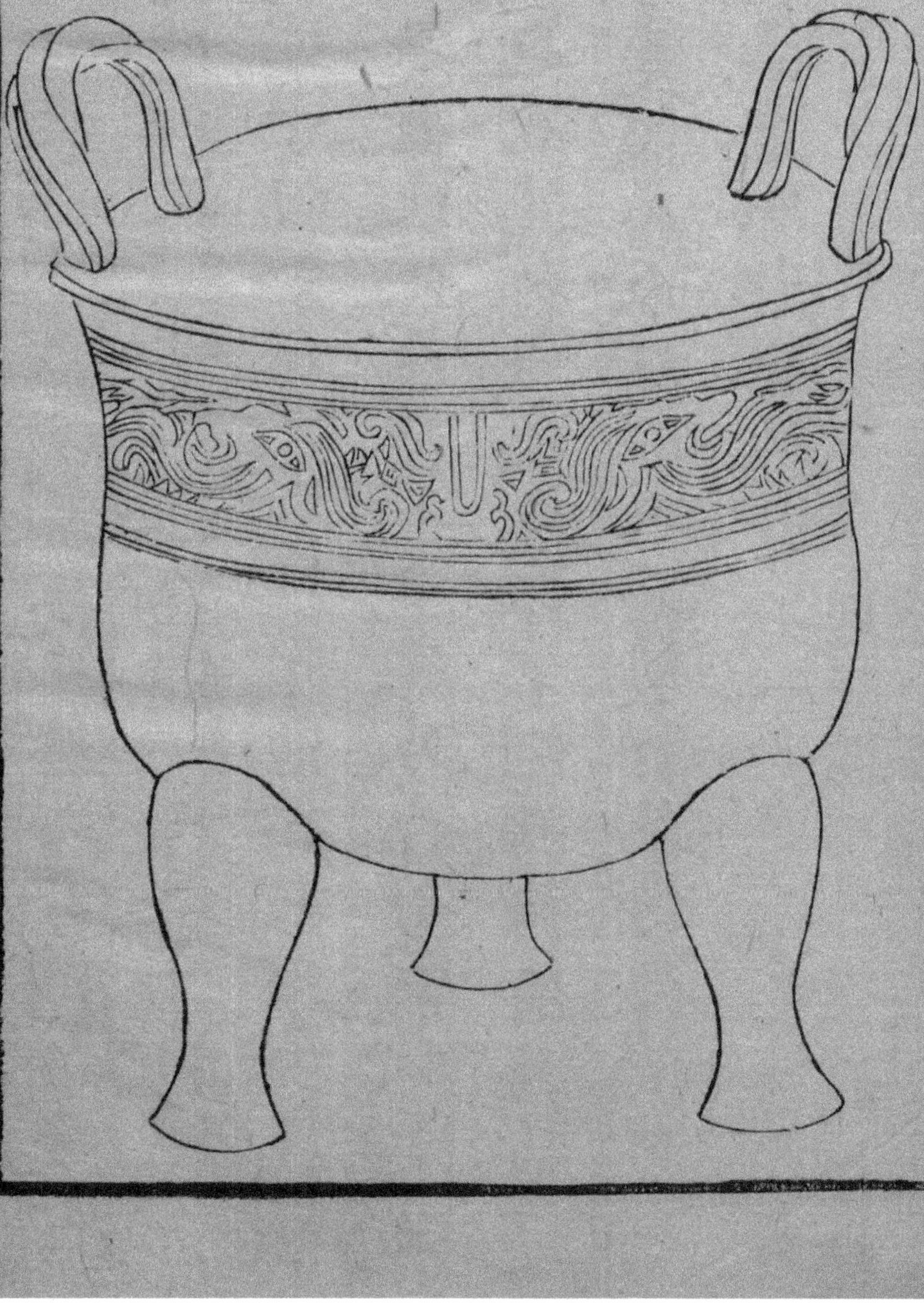

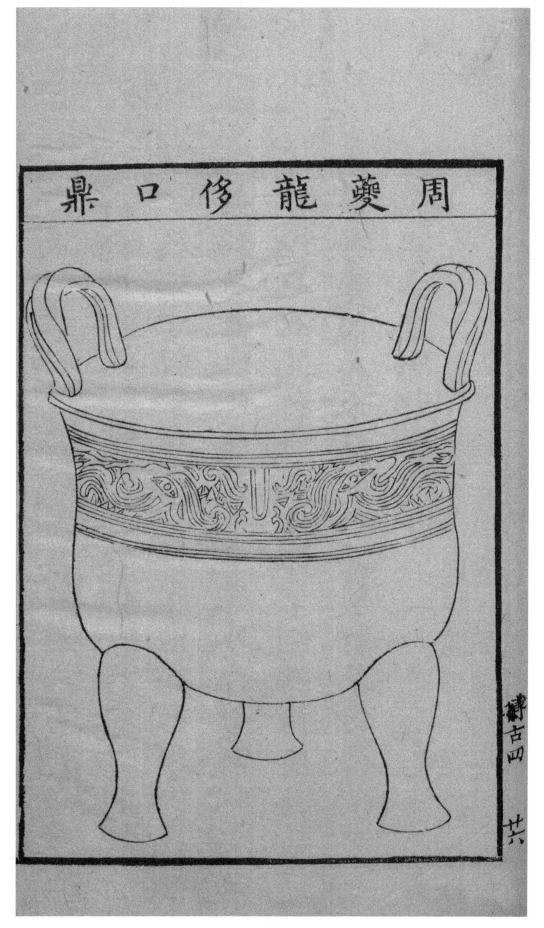

右高一尺八寸六分耳高三寸七分闊三寸五分深一尺一寸六分口徑一尺六寸腹徑一尺三寸四分容五斗一升重五十斤三足無銘是器比他鼎特大純緣外作夔龍狀夔雖以足而其行或止龍雖不測而其用反弱鼎著夔龍義取諸此又其製作華紗侈其口頗與盂鼎略相似

周饕餮鼎

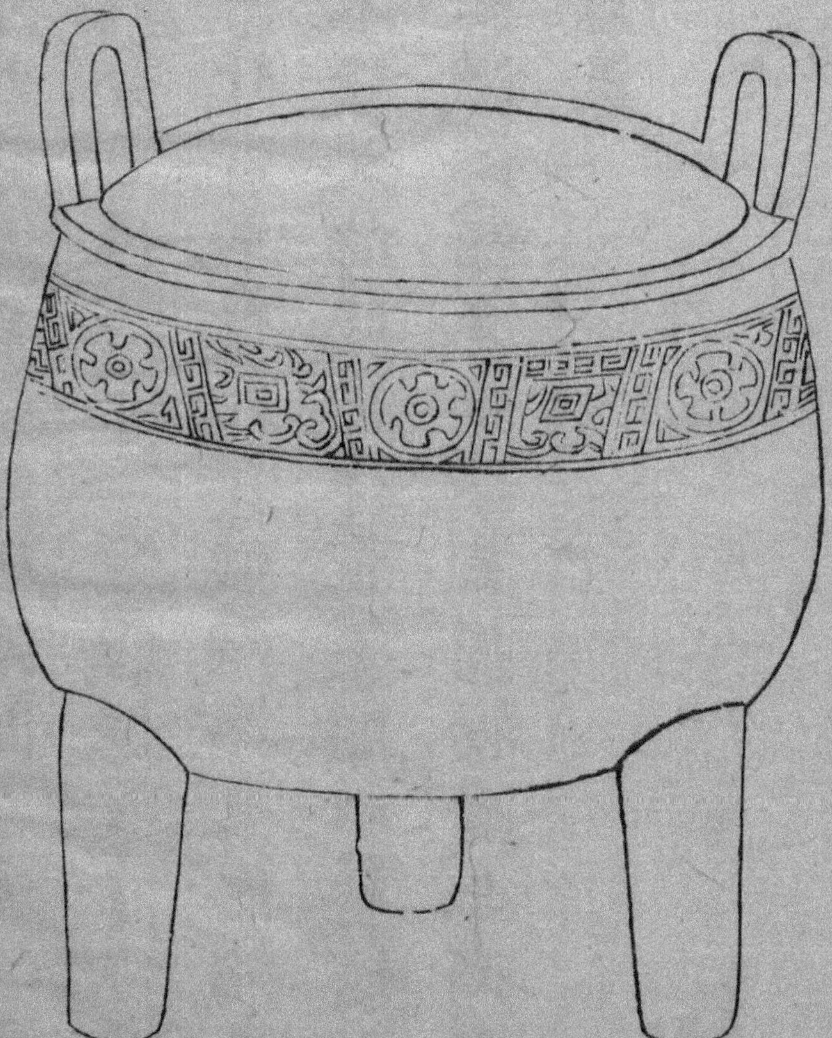

右高八寸九分耳高一寸八分闊二寸三分深五寸九分口徑八寸一分腹徑九寸六分容一斗一升有半重九斤四兩三足無銘素耳直足不設文飾純緣作雷篆間以饕餮之狀雖無款識以稽考世次蓋周初器也猶有商之遺風焉

周圜腹饕餮鼎

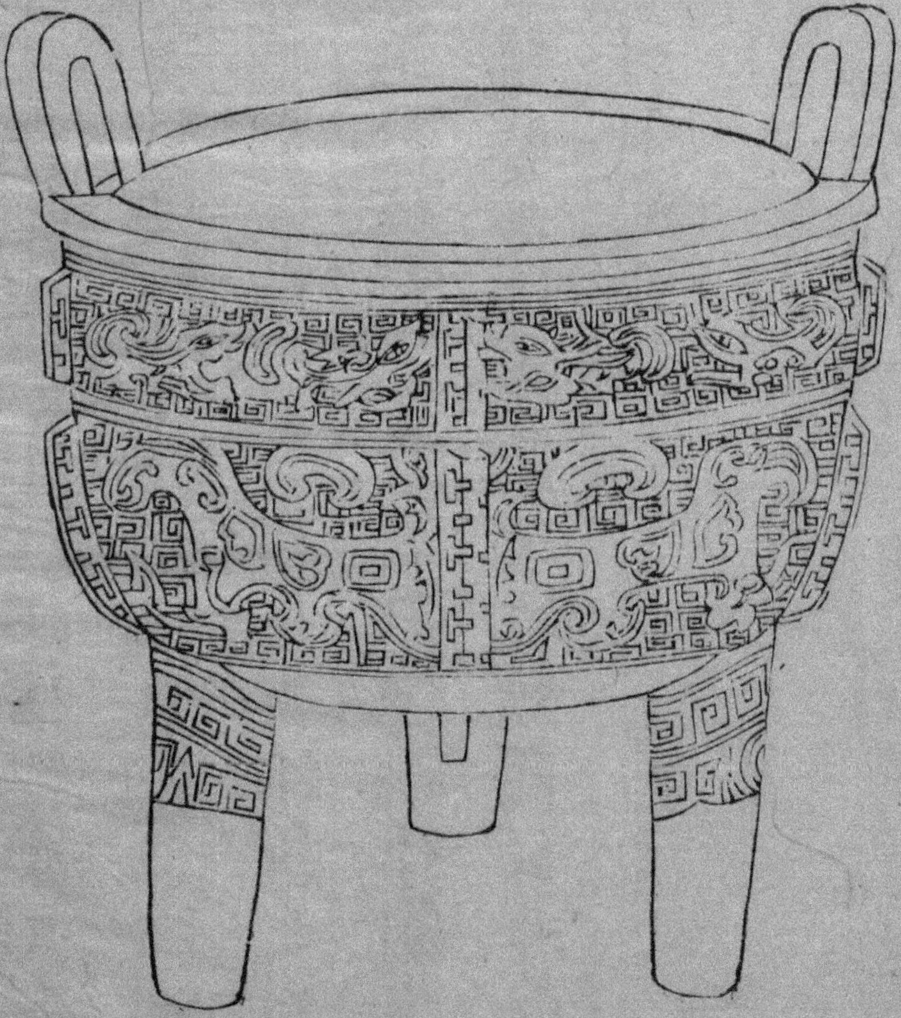

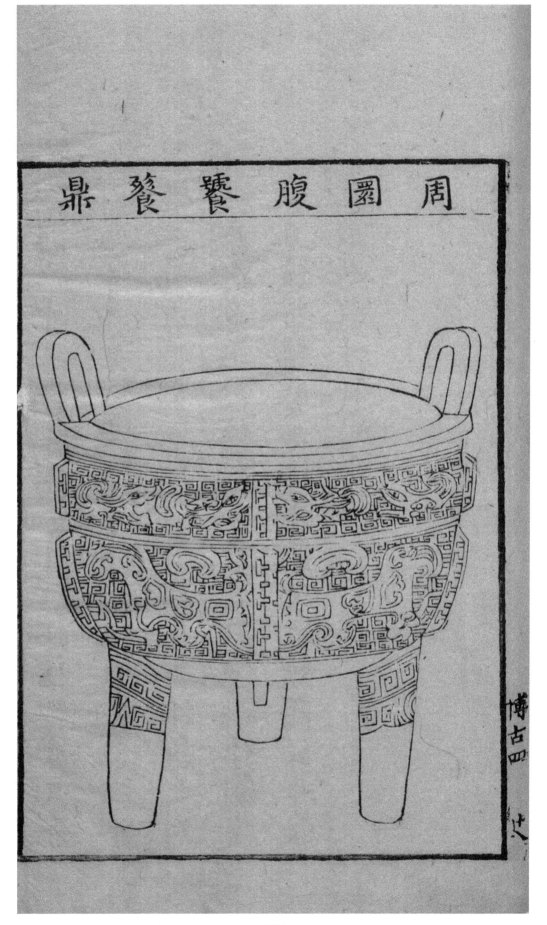

右高六寸三分耳高一寸六分闊一寸五分深三寸九分口徑五寸八分腹徑五寸三分容三升有半重五斤一兩三足無銘鼎之為此象者多矣往往底分若鬲而惟此作圜腹狀且腹著饕餮加以夔龍頗近類商公非鼎豈周人取法於此耶

周盤雲饕餮鼎

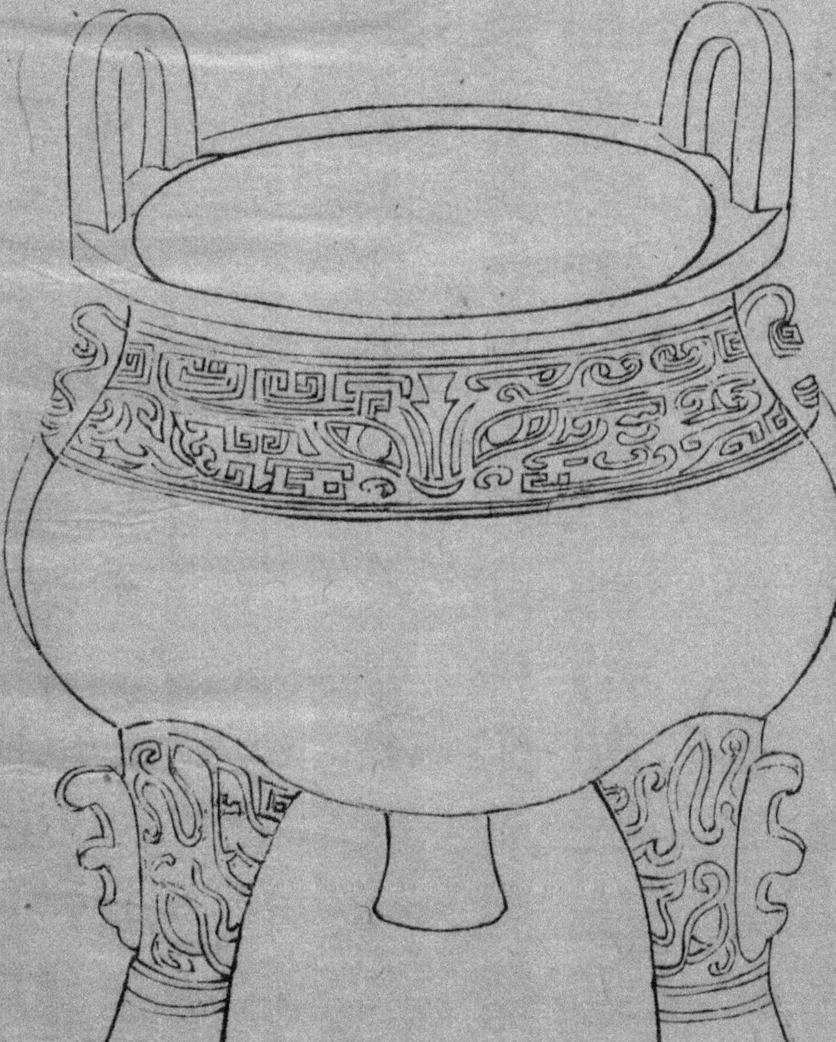

右高一尺五寸四分耳高四寸七分闊五寸一分深八寸六分口徑一尺二寸四分腹徑一尺三寸五分容四斗八升重三十六斤一十兩三足無銘兩耳與腹皆素純緣之下飾三饕餮有鼻屹然而起間作雲氣盤虁之象大槩與周獸緣素腹鼎相類蓋彝器著雲者頗多然其狀各隨其巧思或為旋雲或為垂雲或為盤雲要之莫不有施澤之意焉

周素饕餮鼎

右高一尺二寸九分耳高二寸八分闊三寸五分深八寸口徑一尺一寸四分腹徑一尺一寸六分容三斗重三十五斤三足無銘製作渾厚䵴畧無華藻腹間飾以饕餮循環又間作回顧狀至三足則各為蟠夔以角戴其器蓋取象羊豕鼎也但羊豕鼎有首有足而此足特作蟠夔耳

周獸足鼎一

周獸足鼎二

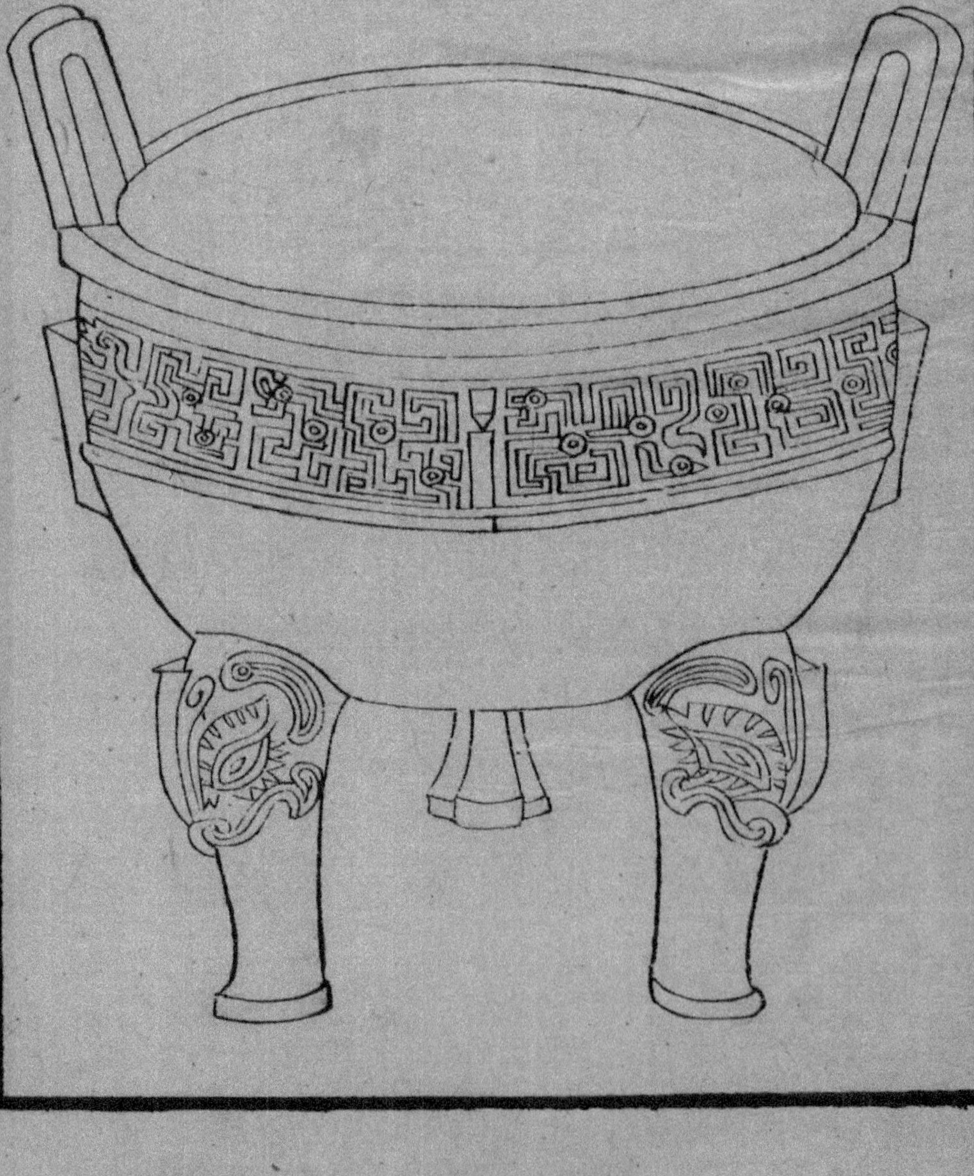

周獸足鼎三

前一器高九寸耳高二寸一分闊二寸三分深六寸七分口徑九寸腹徑九寸六分容一斗五升六合重八斤三足無銘

次一器高六寸九分耳高一寸七分闊二寸深四寸五分口徑七寸三分腹徑七寸八分容七升三合重八斤十有二兩三足無銘

後一器高一尺二寸五分耳高四寸一分闊三寸九分深七寸三分口徑一尺六寸三分

腹徑一尺四寸八分容四斗七升三合重四
十斤三足無銘
右前一器獸齧其耳腹著旋紋純緣之下飾
以蟠虬復以獸為之足次一器純緣周以雲
紋而足狀以獸與前器頗相類後一器三足
為獸形純緣脰腹之間遍著蟠虬兩耳偃肰
如翼政與周偃耳鼎相似蓋器之製作自三
代而下文縟勝之其所以純厚簡古則與時

爲後先也是器爲周物無得而疑焉

周鱗紋鼎一

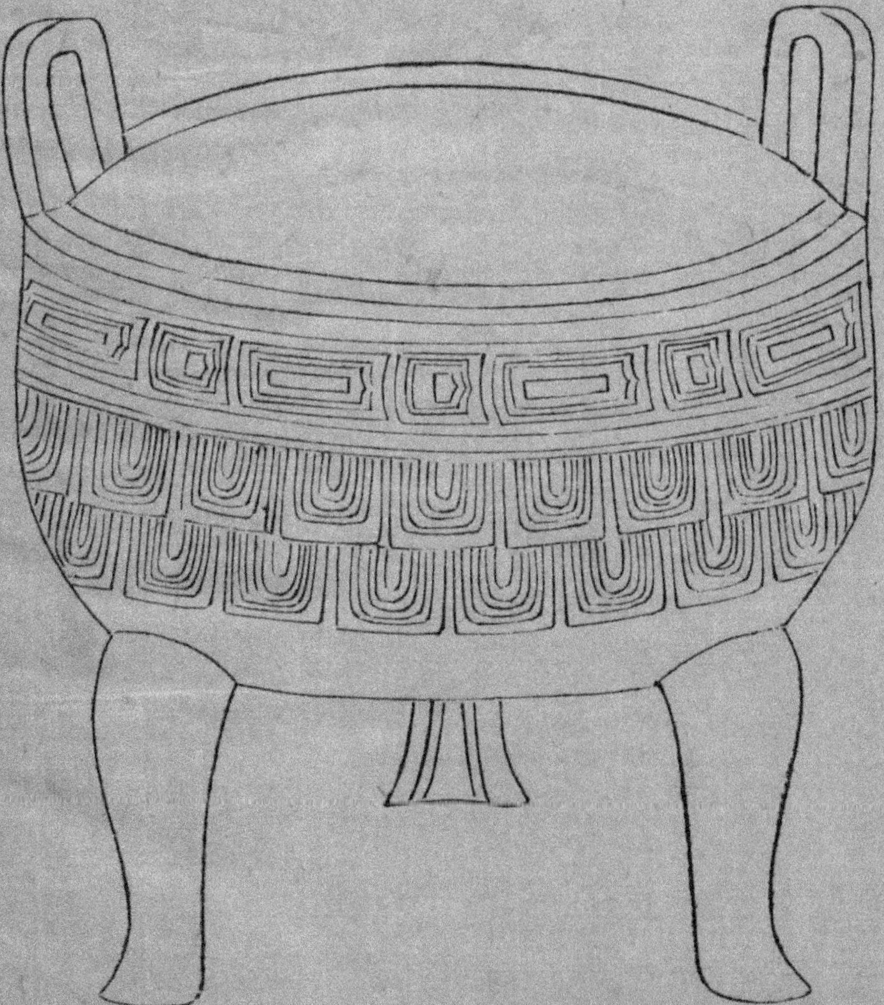

周鱗紋鼎二

前一器高七寸八分耳高二寸五分闊二寸五分深五寸一分口徑九寸四分腹徑九寸五分容一斗二合重七斤二兩三足無銘

後一器高六寸二分耳高一寸六分闊一寸八分深四寸口徑七寸三分腹徑七寸八分容五升有半重三斤八兩三足無銘

右二器耳為對獸腹著鱗紋隱隱若動純緣連絡間以蟠螭形制頗古蓋三代器也

周獸緣素腹鼎一

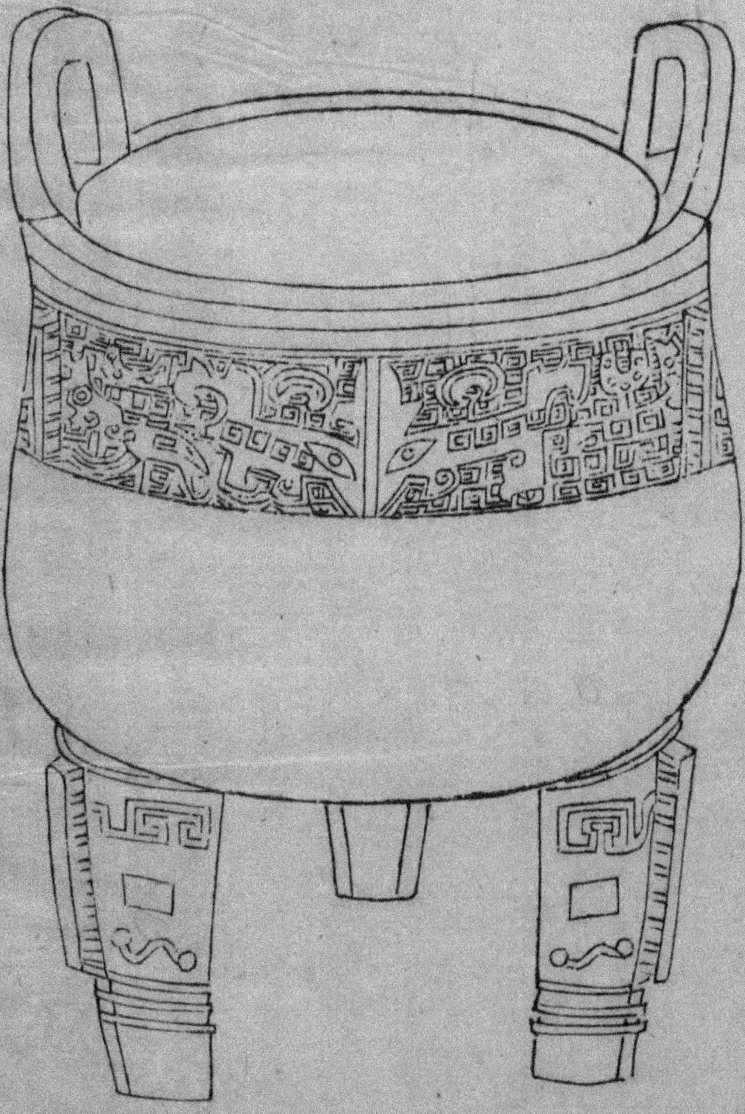

高一尺一分耳高二寸闊一寸四分深六寸五分口徑八寸九分腹徑九寸七分容一斗三升七合重十有二斤八兩三旲無銘

周獸緣素腹鼎二

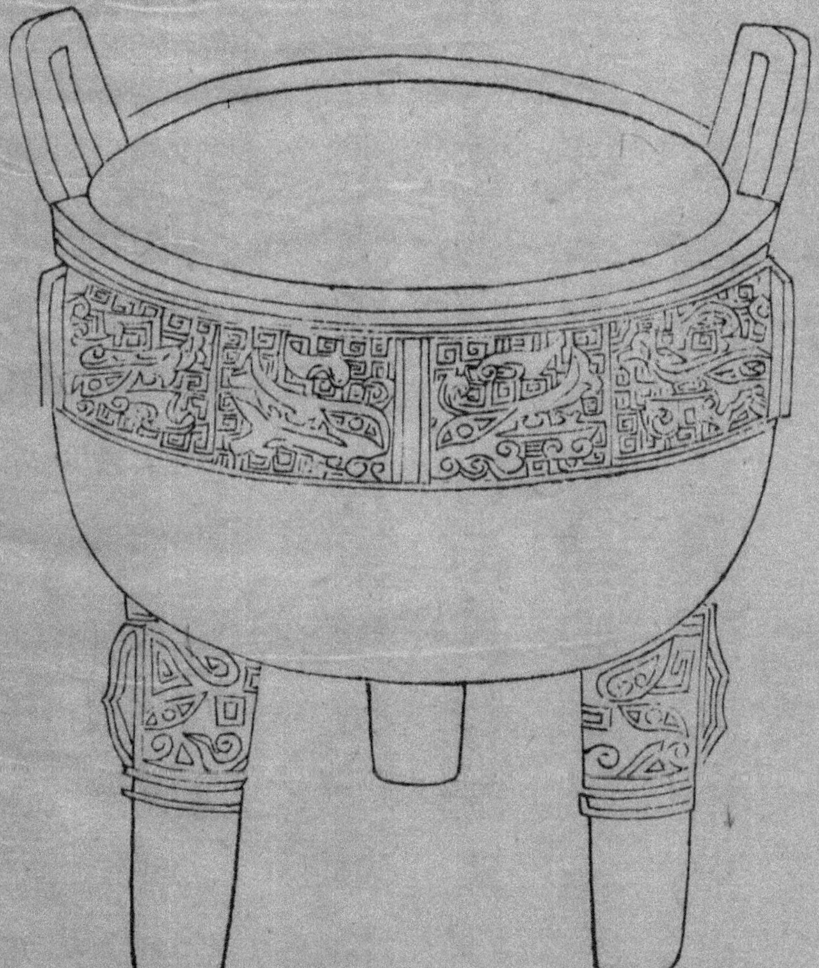

高六寸耳高一寸八分闊一寸二分深三寸四分口徑五寸四分腹徑五寸七分容二升八合重三斤三兩無銘

右前一器耳腹純素緣足作獸紋後一器亦以獸飾其緣而純素其腹既以示其樸而又以戒其貪則鼎之為象至矣肰形模雖殊製作一類惟周器有此自秦漢而下冶鑄所不能為也

博古圖錄考正卷第四

博古圖錄考正卷第五

鼎五 二十一器

周 一十二器

垂花鼎一
垂花鼎二
花足鼎
雷帶鼎
旋紋鼎
純素鼎
蟠夔鼎蓋
漢二十八器

孝成鼎 銘五十六字
好時供厨鼎 銘五十八字
汾陰宫鼎 銘五十四字
定陶鼎 銘一十六字
李氏鼎 銘二字
六夔鼎
三犧鼎一
三犧鼎二

雷紋鼎
篆帶鼎
浮雲鼎
輔耳鼎一
輔耳鼎二
輔耳鼎三
輔耳鼎四
百乳鼎

蟠螭鼎盖

小鼎

唐

三螭鼎

周象簠鼎

右高六寸四分耳高一寸八分闊一寸四分
深四寸口徑長七寸六分闊六寸八分腹徑
長七寸七分闊六寸九分容七升重八斤三
兩四足無銘按三代之間方鼎多矣惟此器
自方如簋深意周人改象於茲若乃足作獸
虒與諸方鼎殊不相似蓋未可考

周旋雲鼎

右高一尺二寸六分耳高三寸二分闊二寸七分深七寸四分口徑一尺三分腹徑一尺八分容二斗五升重二十二斤四兩三足無銘按此器足空耳直純緣作雲氣回旋狀足著饕餮形制與周獸緣素腹鼎相近蓋周物也

周蟠虺雷紋鼎

右通蓋高七寸七分耳高二寸闊一寸七分
深三寸五分口徑六寸四分腹徑六寸五分
容三升六合共重七斤十有三兩三足無銘
是器周以蟠虺間之雷紋其蓋有足却之如
敨之有會爵之有坫其形制文鏤之勝殆周
末器也

周斜方雲雷鼎

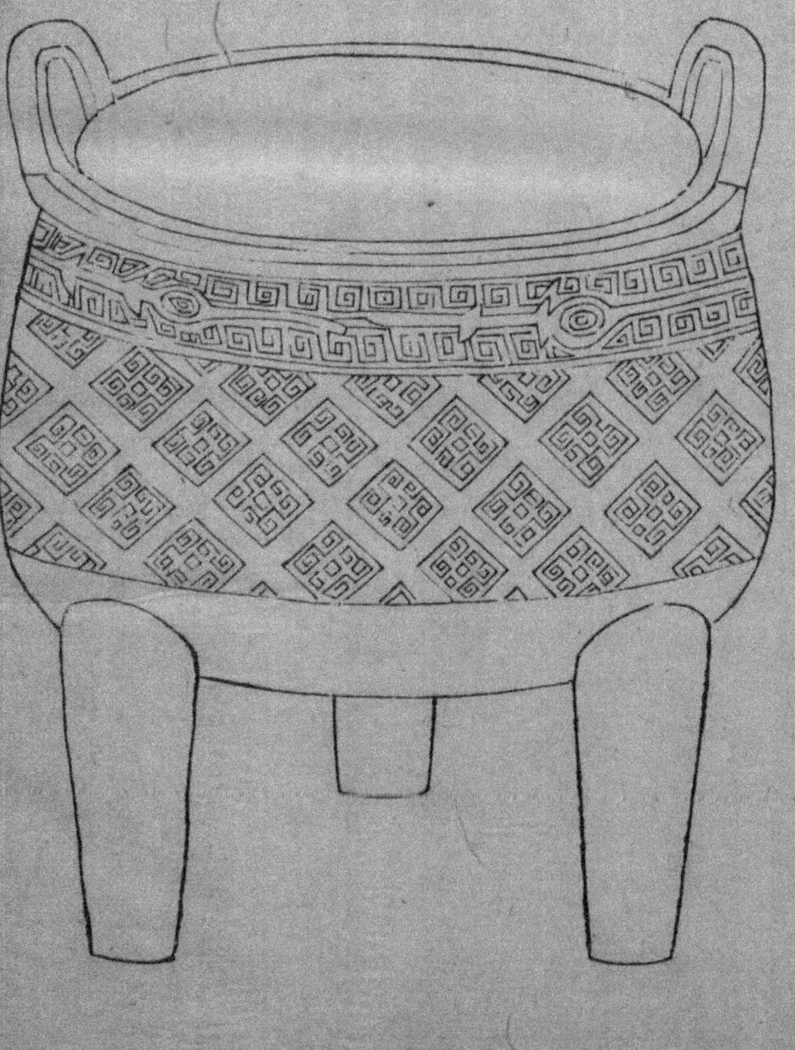

右高五寸五分耳高一寸二分闊一寸深三寸三分口徑四寸七分腹徑四寸九分容二升重二斤六兩三足無銘純緣飾以夔龍而腹作斜方之形實以雲雷間以細乳盖乳所以養人雲雷所以澤物夔龍者又所以戒其貪也舉一器而衆理備古人規度豈不美哉雖然器之著雲雷者多矣其狀不一或作旋雲者所以象其觸石而出也故古文雲為ㄋ

以見回轉之形或作垂雲者將以見其不崇
朝而雨也故小篆雲為囩以顯雨施之意至
於雷則或有以◎為象者故古文益之為[illegible]
或有以回為象者故籒文益之為靁即此考
之則制字者未嘗不觀象察形以寓於字畫
之間也然雲也雷也為其有澤物之意故後
世又加之雨以著其義焉至聶崇義禮圖凡
當作雷者既莫之設而所謂雲者亦無回轉

下垂之象使見三代鼎彝所以爲雲雷者當
褫氣喪膽而自愧其謬矣

周山紋垂花鼎

右高一尺二分耳高三寸闊三寸一分深六寸七分口徑一尺三寸腹徑一尺二寸二分容二斗九升重十有七斤三兩無銘是器飾以山紋垂花山以取其仁之靜花以取其禮之文猶十二章之有山有藻也然仁至於泛愛則失已非禮以節之則靡浸而莫之反矣制器尚象豈徒為觀美哉微而飲食古人未嘗不致意焉

周垂花鼎一

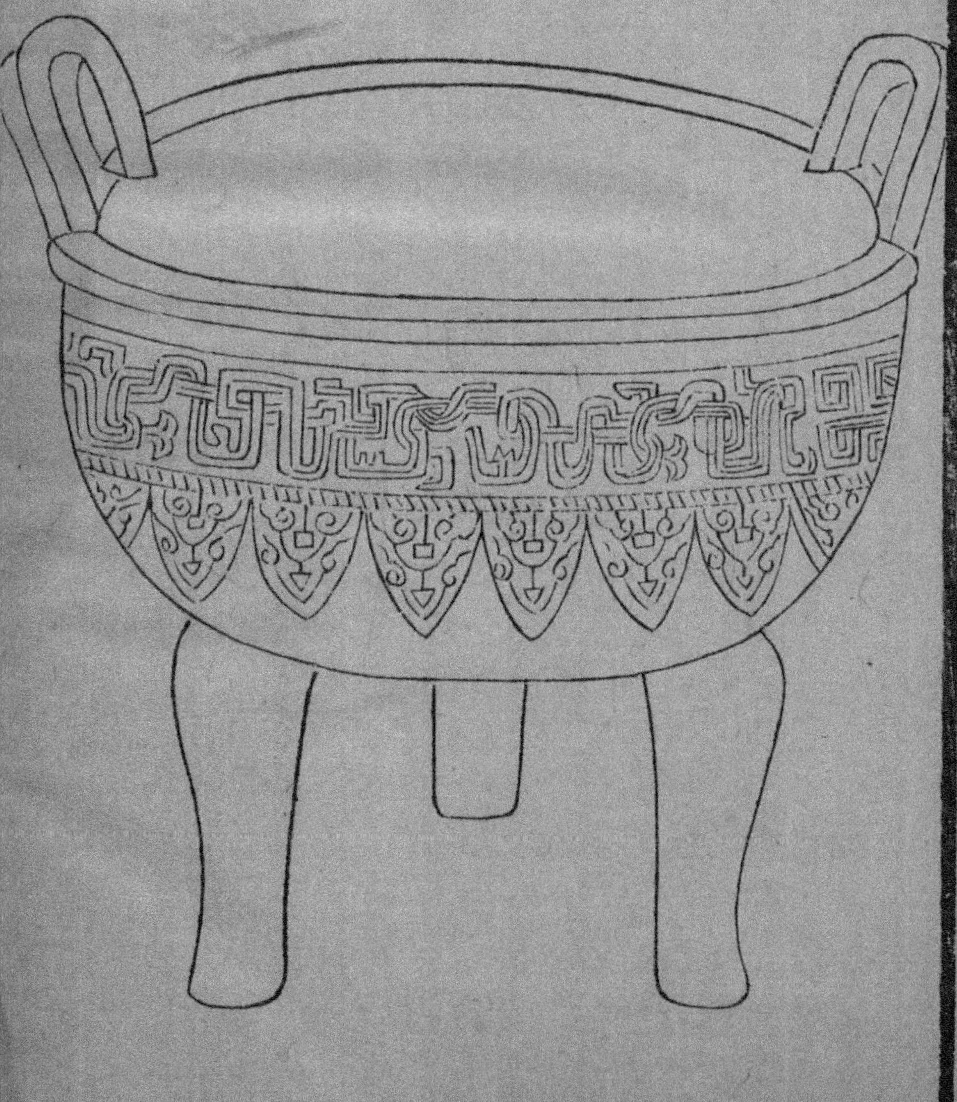

博古五 十一

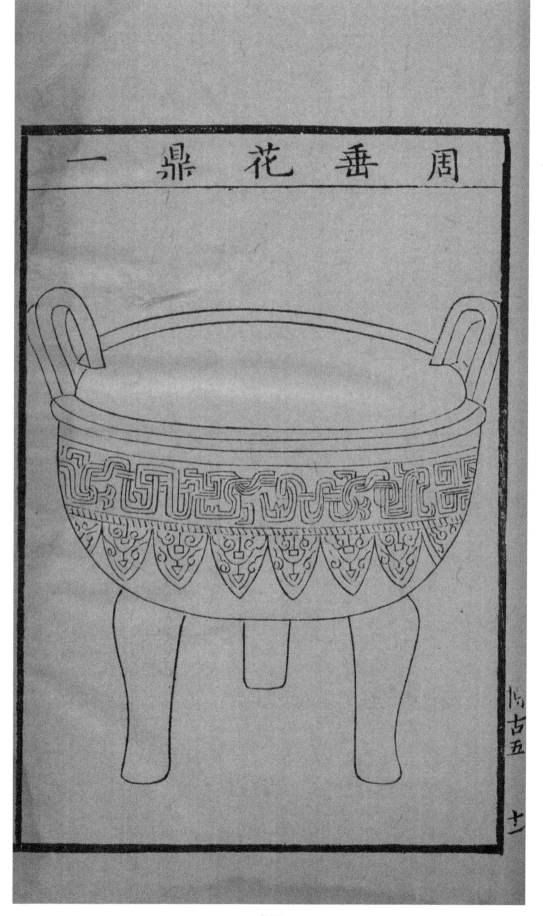

周垂花鼎二

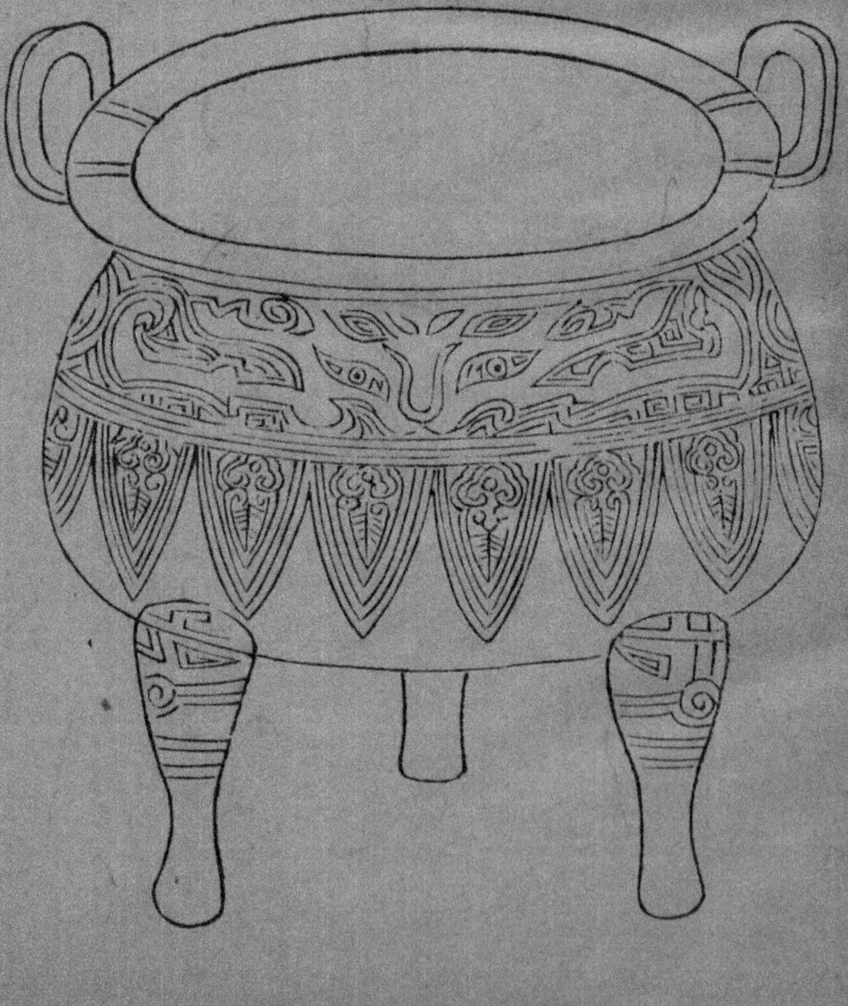

前一器高七寸三分耳高二寸三分闊二寸二分深四寸四分口徑九寸四分腹徑九寸二分容八升四合重十有二斤三是無銘後一器高四寸四分耳高七分闊七分深三寸七分口徑三寸二分腹徑三寸九分容一升重一斤四兩三是無銘

右前一器偃耳跡足腹著交螭下有垂花備成之文後一器圜而上斜腹飾饕餮其垂花

作蟬紋狀華藻相滕而蟬又取其趨高潔闕一字不沉於卑穢雖無銘款以考世次其為周一時之器無疑焉

周花足鼎

右高五寸七分耳高一寸三分闊八分深三寸二分口徑長四寸八分闊三寸八分腹徑長五寸闊四寸容二升二合重四斤一兩四足無銘足飾以花腹作直紋而緣爲夔龍與周庚申鼎形制相近惟著飾爲異耳

周雷帶鼎

右高一尺一寸二分耳高二寸九分闊三寸五分深七寸三分口徑一尺二寸腹徑一尺二寸六分容二斗九升五合重三十一斤有半三足無銘是器純緣下設雷帶而足與腹間皆純素無紋飾形制高古蓋周之器歟

周旋紋鼎

右高七寸七分耳高一寸九分闊二寸深五寸口徑九寸八分腹徑八寸七分容一斗重六斤二兩三足無銘是器耳足上下純素惟腹間飾以旋紋有宛轉回旋之狀形模高古非周制不能臻此

周純素鼎

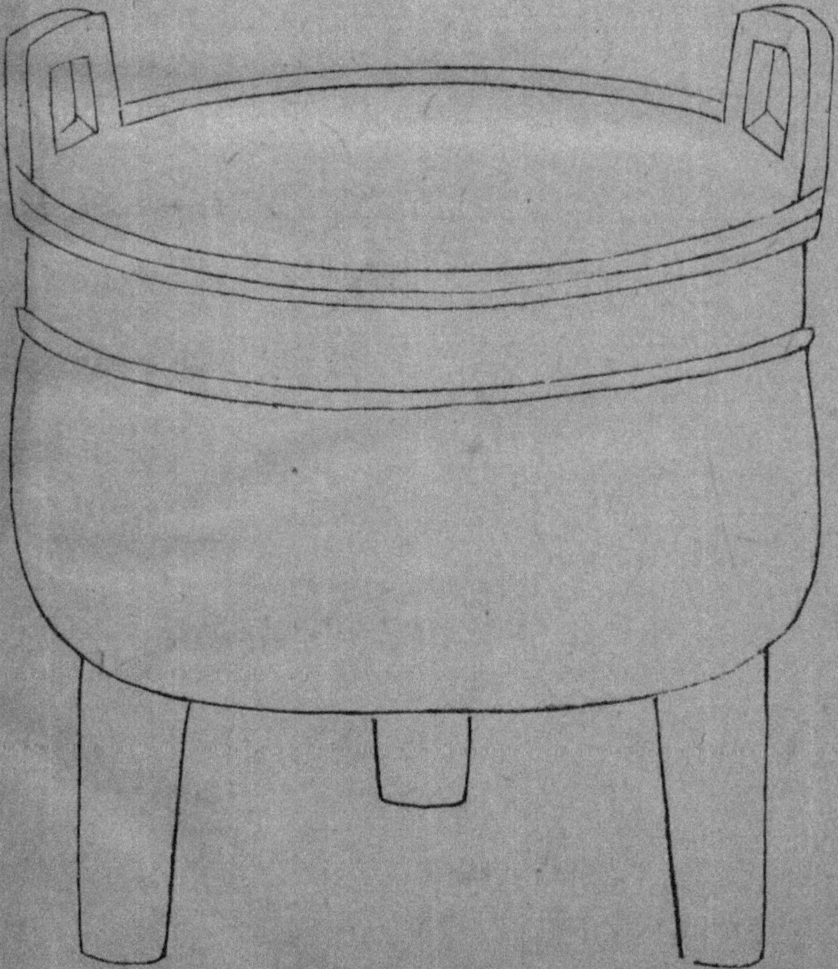

右高四寸五分耳高九分闊一寸深二寸八分口徑四寸六分腹徑五寸一分容二升二合重二斤一十兩三足無銘耳與足不設紋鏤之飾土花沁暈如紫玉色肰漢鼎類多純素無文而形制則鮮有及此者

此後闕一蟠夔鼎蓋

漢孝成鼎

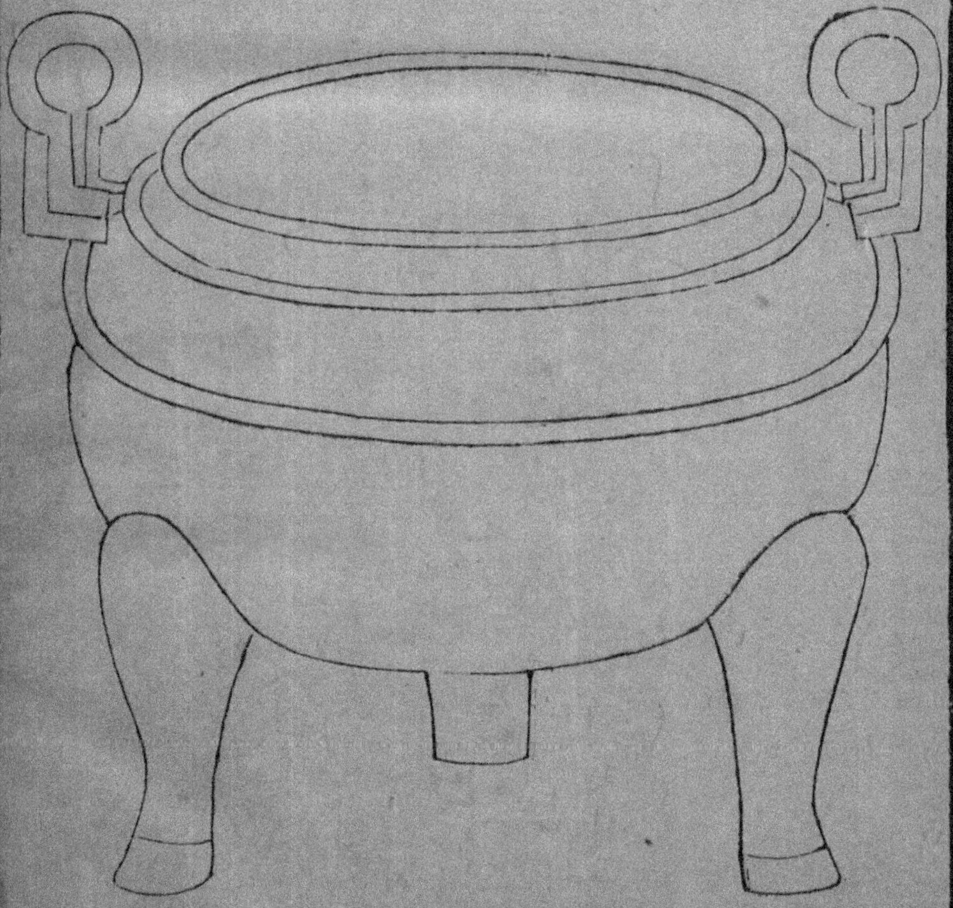

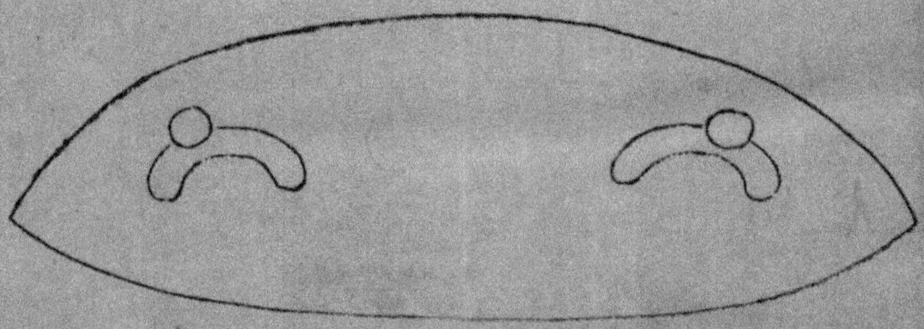

長安廚孝成廟銅三升鼎蓋一合第一

蓋

器

長安廚孝成廟銅鼎容三升一合并重十六斤建平三年十月工王褒造左丞輔掾譚守令史永省第一

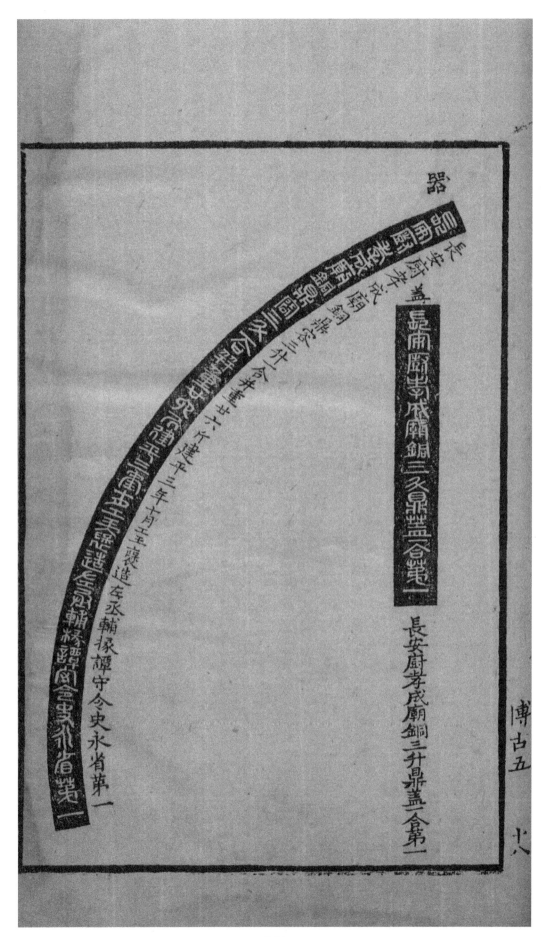

右通蓋高八寸一分耳高二寸八分闊二寸闕一字分深五寸一分口徑六寸二分腹徑七寸闕一字分容七升九合共重九斤三是蓋與器銘共五十六字按孝成帝乃孝元之子西漢第九帝也是鼎雖孝成廟器乃造於孝哀即位之三年其銘又有曰建平三年十月工王襃造蓋孝哀即位改號建平而孝哀又嗣服孝成也

漢好時供厨鼎

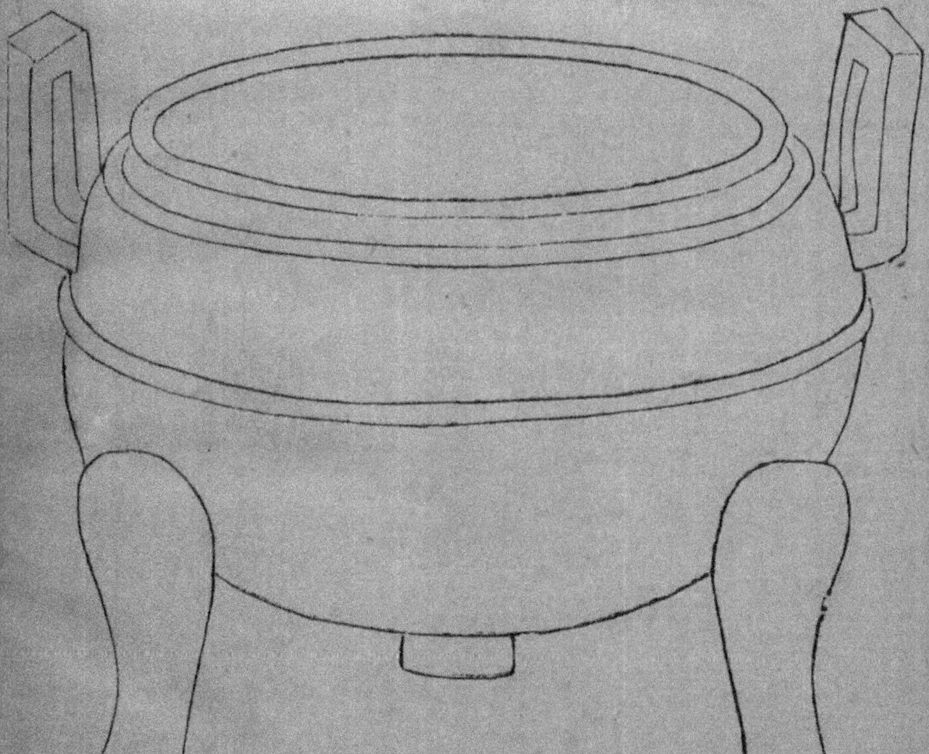

博古五 十九

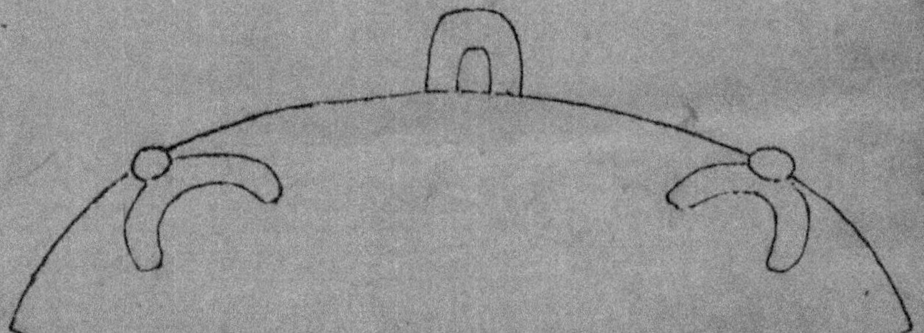

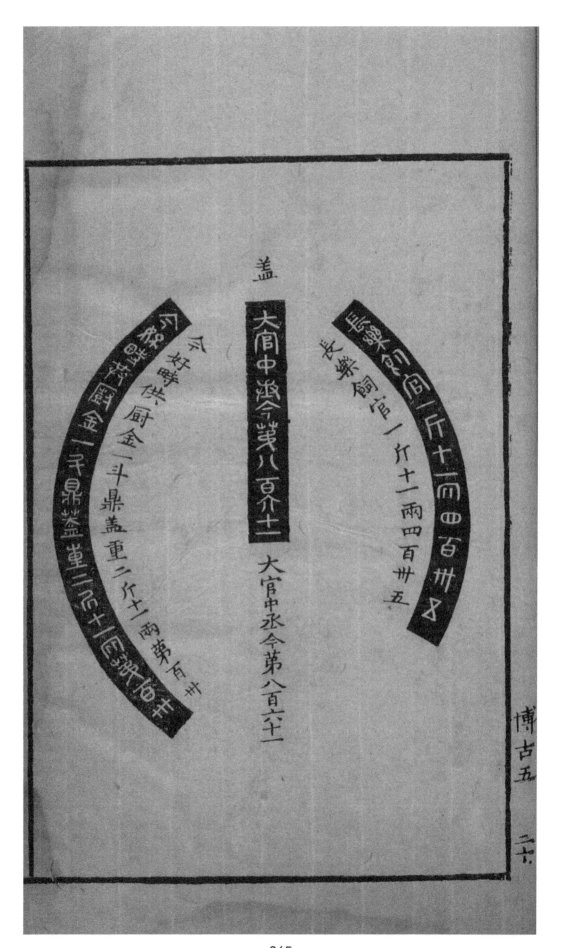

盖

長樂飼官一斤十一兩四百卅五

大官中丞令第八百六十一

令好時供廚金一斗鼎蓋重二斤十一兩第百卅

器

好時
供廚
銅鼎
容九
升重
九斤
一兩
山

右通盖高五寸耳高一寸九分闊一寸一分深三寸一分口徑四寸八分腹徑五寸六分容二升六合共重四斤三昰盖與器銘共五十八字按時封土也冢而祀之在昔秦襄以攻西戎始祠少昊作西時秦文夢黃蛇口止於鄜又為鄜時秦宣於渭南祠青帝曰密時秦靈於吳陽祠黃帝曰上時祠炎帝曰下時此時之所由興也及始皇東游歷祀嶽瀆山

川遂祠八神一曰天主二曰地主三曰兵主四曰陰主五曰陽主六曰月主七曰日主八曰時主而地主之祠蓋在泰山之下梁父之地以天好陰祠之必於高山之下故又謂之好時漢祖有天下覩雍之四時曰吾聞天有五帝而四何也蓋是秦襄有白帝之時秦文有黃帝之時秦宣有青帝之時秦靈復有黃帝炎帝之時而獨無黑帝之時也又曰吾知

之矣待我而具五也乃祠黑帝於是後世闕一字
有五時之祠至武帝時幸五時因獲白麟以
昭神休而旌其年為元狩則好時起於秦而
事於漢也是鼎乃好時供廚之器而形制則
漢物也又其銘曰長樂飼官則又知漢物明
矣蓋長樂者漢宮也昔樗里子葬渭南其治
時語於人曰吾墓後百歲當有天子之宮夾
其左右後漢興而長樂宮乃在其墓東則長

樂飼官乃漢官名置官以祠神於古實不廢也

漢汾陰宮鼎

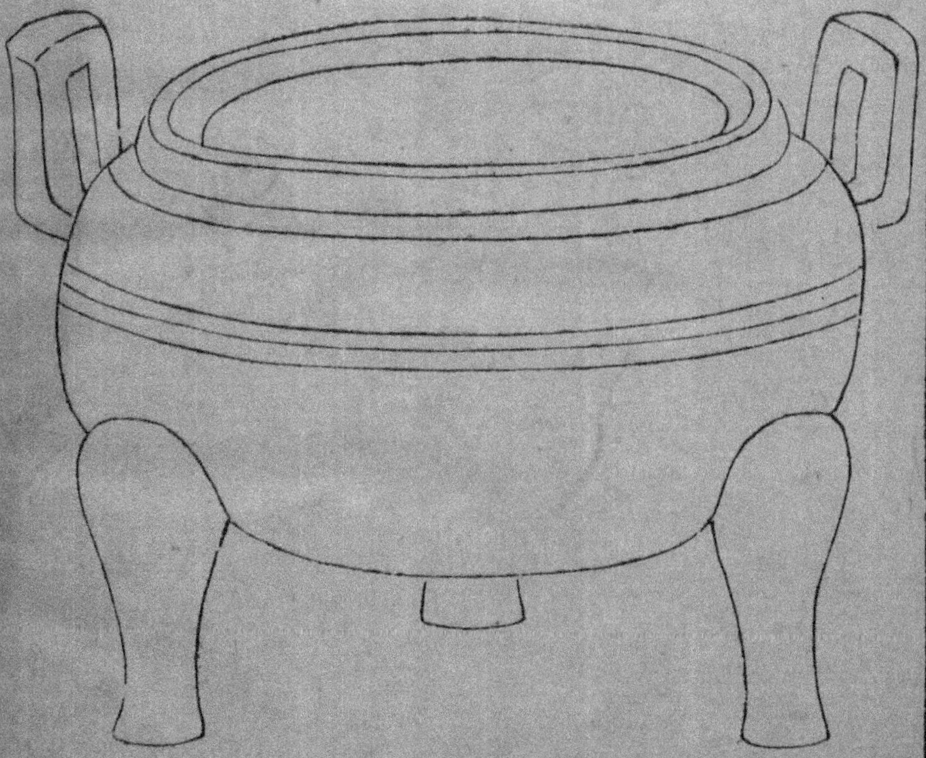

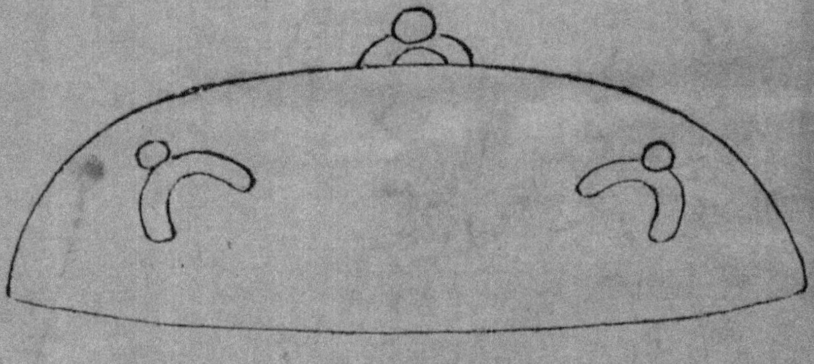

蓋

汾陰供官銅鼎蓋二十枚重三斤八兩

器

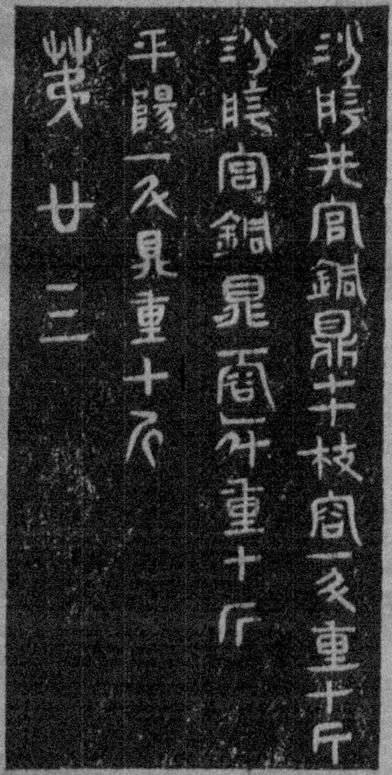

汾陰供官銅鼎二十枚容一斗重十斤

汾陰宮銅鼎一容一斗重十斤

平陽一斗鼎重十斤

第廿三

右通蓋高五寸八分耳高一寸七分闊一寸五分深三寸二分口徑四寸八分腹徑六寸三分容二升六合共重三斤三兩蓋與器銘共五十四字按前漢地理志河東郡屬縣有曰汾陰有曰平陽而平陽有鐵官此曰汾陰宫則宫之在汾陰者也考其款識既曰汾陰供官銅鼎二十枚又曰汾陰宫銅鼎一者二十所以舉供官之數而一者舉其隸於宫者

也又曰平陽一斗鼎蓋平陽有鐵官此乃紀所鑄之地耳曰第二十三者總其器之在汾陰者爲之次不必言鼎也按西漢郊祀志云孝武皇帝始建上下之祀營泰畤于甘泉定后土于汾陰而神祇安之則作宫于汾陰者以祀后土之所是宜有列鼎之薦而此特其一器耳銘文稱供官銅鼎亦又明朝廷祀典之物非私享也

漢定陶鼎

博古五 廿六

蓋

高廟

器

都
倉
定陶廟
容十斗共
重九斤
二兩

右通蓋高五寸五分耳高一寸六分闊一寸二分深三寸三分口徑四寸五分腹徑五寸六分容二升六合共重三斤三是蓋與器銘

共十六字按漢十二年孝惠帝即位始詔郡
國諸侯王各立高廟而是鼎於盖間有高廟
二字其字畫復有變篆為隸之體是其為高
廟祀器無疑也又曰定陶廟者盖漢初有天
下旌功臣以定陶之地封彭越而王之是為
梁王而其國則定陶也越既叛命乃削其地
更以封高祖之子恢是為定陶共王恢其在
惠帝即位之初建立高廟則正恢之世也

漢李氏鼎

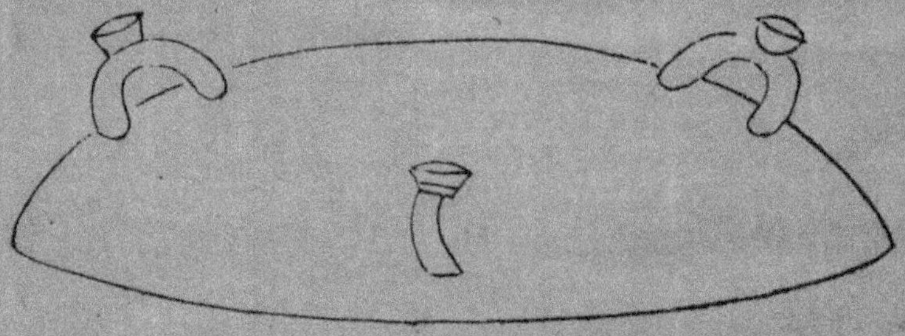

李氏

右通蓋高四寸四分耳高一寸闊八分深二寸八分口徑三寸七分腹徑四寸九分容一升四合共重二斤一十一兩有半三足銘二字按此器圜弇上而耳外附質素無紋與洽

陰宫鼎相類其字畫亦作漢隸李氏顯於兩漢者如西漢之李廣李陵東漢之李固李膺皆聞家華族甚多此但紀姓而不書名蓋未可考其為誰歟

漢六夔鼎

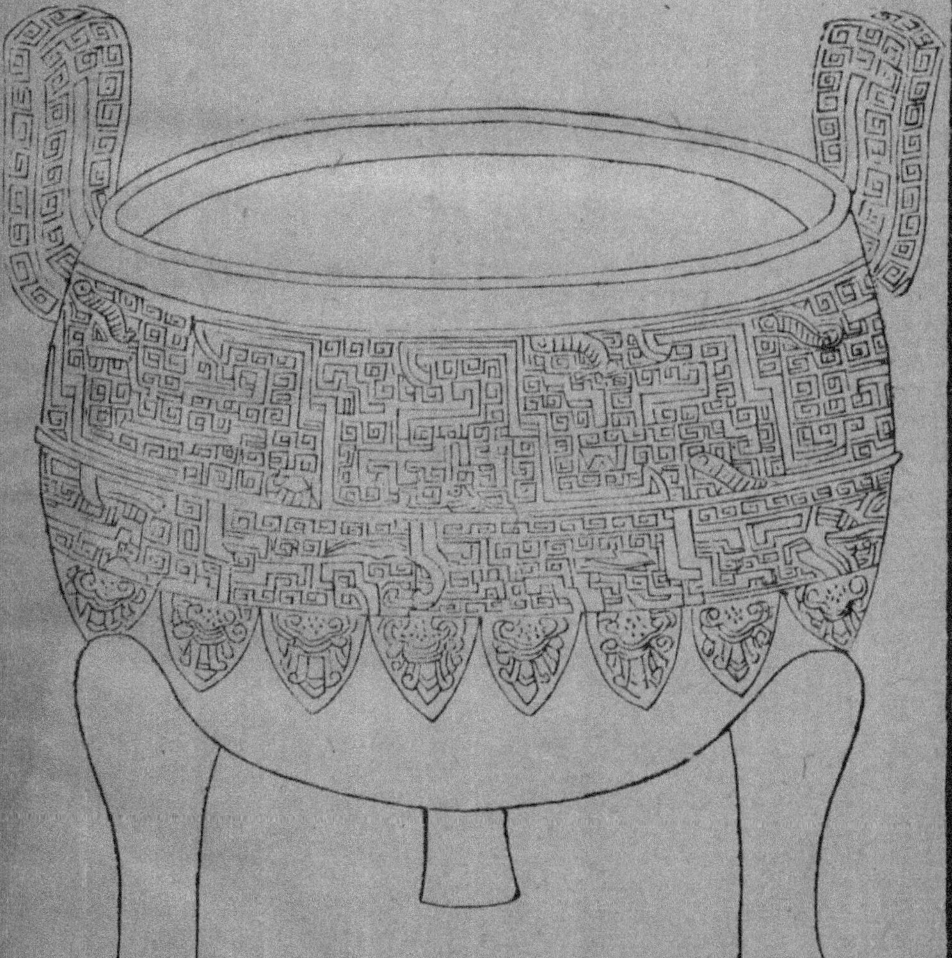

右通蓋高九寸七分耳高二寸闊一寸五分深五寸四分口徑七寸一分腹徑八寸二分容八升共重六斤十有五兩三足無銘蓋作圈如足仰之可以貯物而圈下承以六夔豈亦取夫六鼇負戴之義歟其所飾纖巧多為物象叔向嘗謂器不蟲鏤而今復若此故知非三代之制歸之近古則漢有之也

漢三犧鼎一

通蓋高九寸八分耳高三寸闊二寸五分深六寸四分口徑一尺一分腹徑一尺一寸二分容二斗一升共重十有七斤一兩三足無銘

漢三犧鼎二

通盖高六寸二分耳高二寸二分闊一寸八分深三寸八分口徑五寸三分腹徑六寸容三升五合共重三斤一兩三足無銘

右二器足既如牛復設三犧於盖書傳言三牲曰牛一羊一豕一則犧乃三牲之最者盖古人於天地之祭宗廟之享賓客之奉用以将其精純者非此不可此漢器也而有周之遺意焉

漢雷紋鼎

博古五　廿五

右通蓋高八寸七分耳高二寸七分闊一寸八分深五寸二分腹徑八寸容八升共重六斤四兩無銘三足純素純緣與蓋遍著雷紋或大或小互相間錯腹上維以綯紐周帀其下與耳又作螭形蓋頂復以三環為飾却而置諸机如足然亦可以盛是器形制頗類輔耳鼎特差大耳

漢篆帶鼎

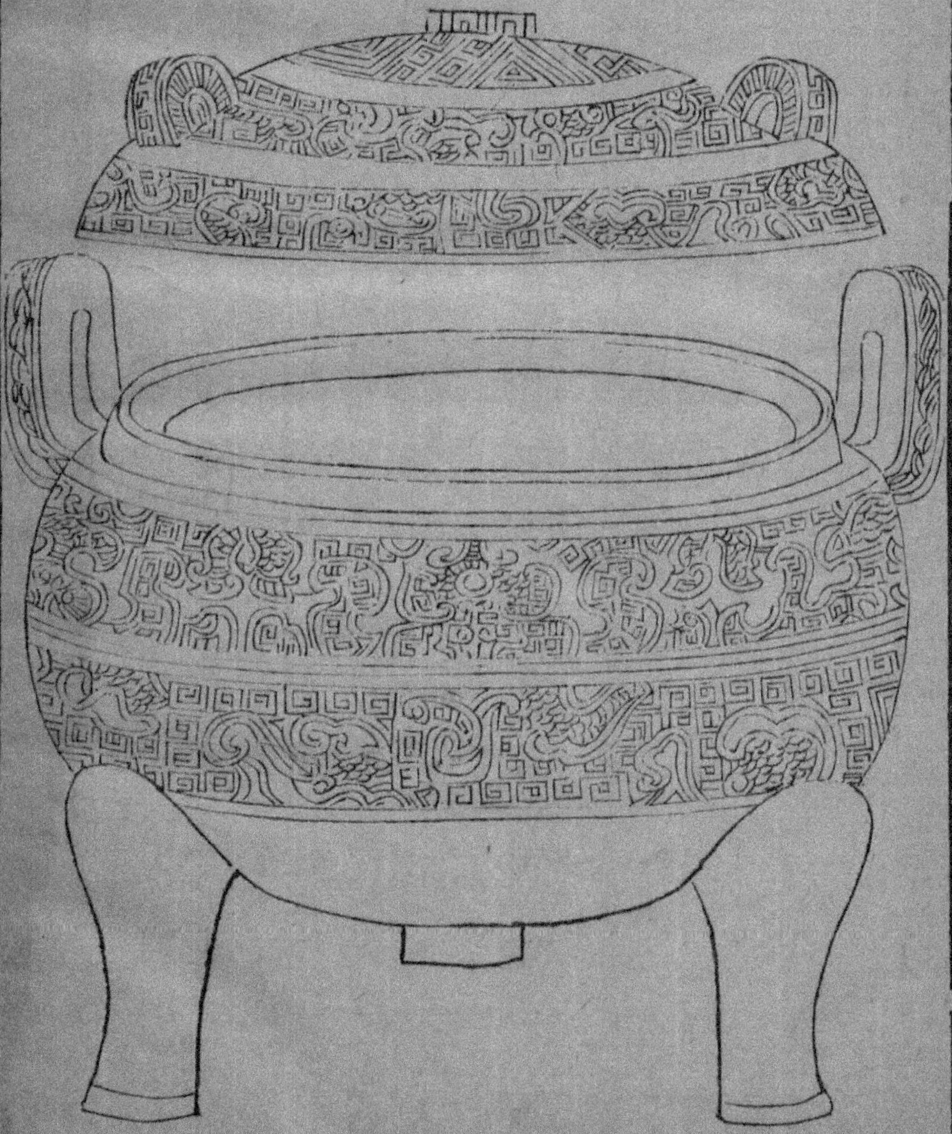

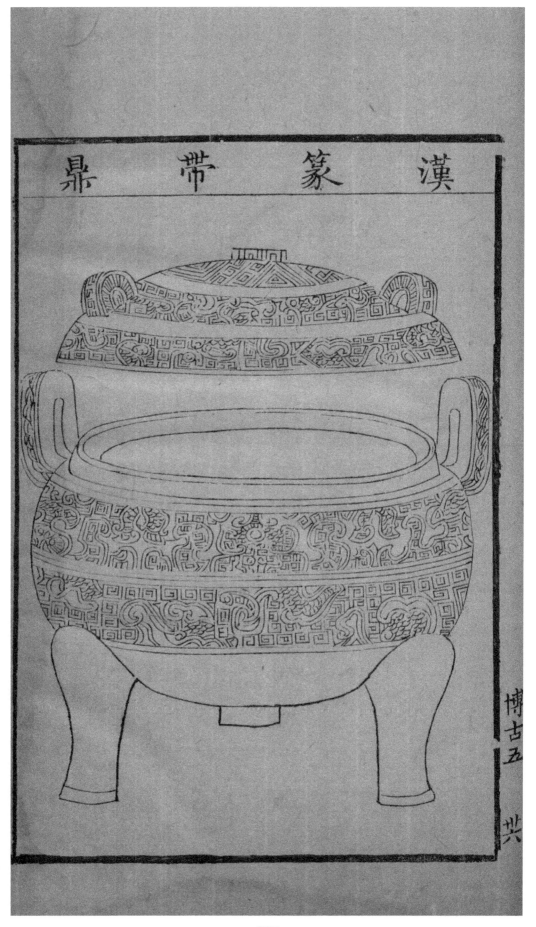

右通蓋高六寸耳高一寸五分闊一寸四分深四寸一分口徑六寸腹徑七寸一分容四升六合共重四斤有半三足無銘是器兩耳外附而足作股膊若獸蹄狀蓋設三環却之可以貯物上下飾以篆帶縈紆糾結曲盡華巧肰攷其規模則漢制也

漢浮雲鼎

右通蓋高八寸三分耳高二寸四分闊一寸八分深五寸二分口徑七寸四分腹徑八寸二分容八升八合共重六斤九兩三足無銘觀其耳附如鉞身上如鼒足作股膊蓋設三圈稽之商周無與合者究其製作乃漢室之器然體間飾以雲氣作下垂之勢蓋亦取其澤物之象云

漢輔耳鼎一

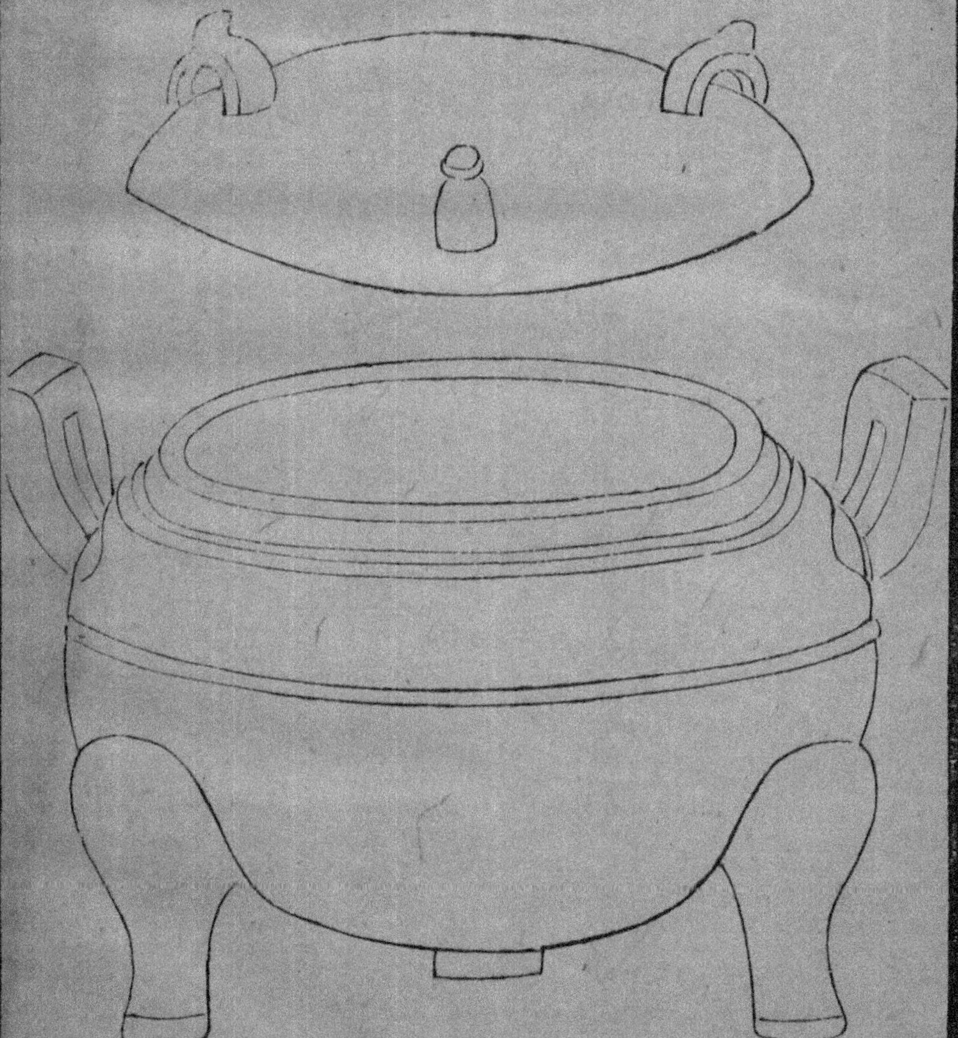

通盖高五寸耳高一寸六分闊一寸二分深
三寸三分口徑四寸五分腹徑五寸五分容
二升八合共重三斤四兩三足無銘

漢輔耳鼎二

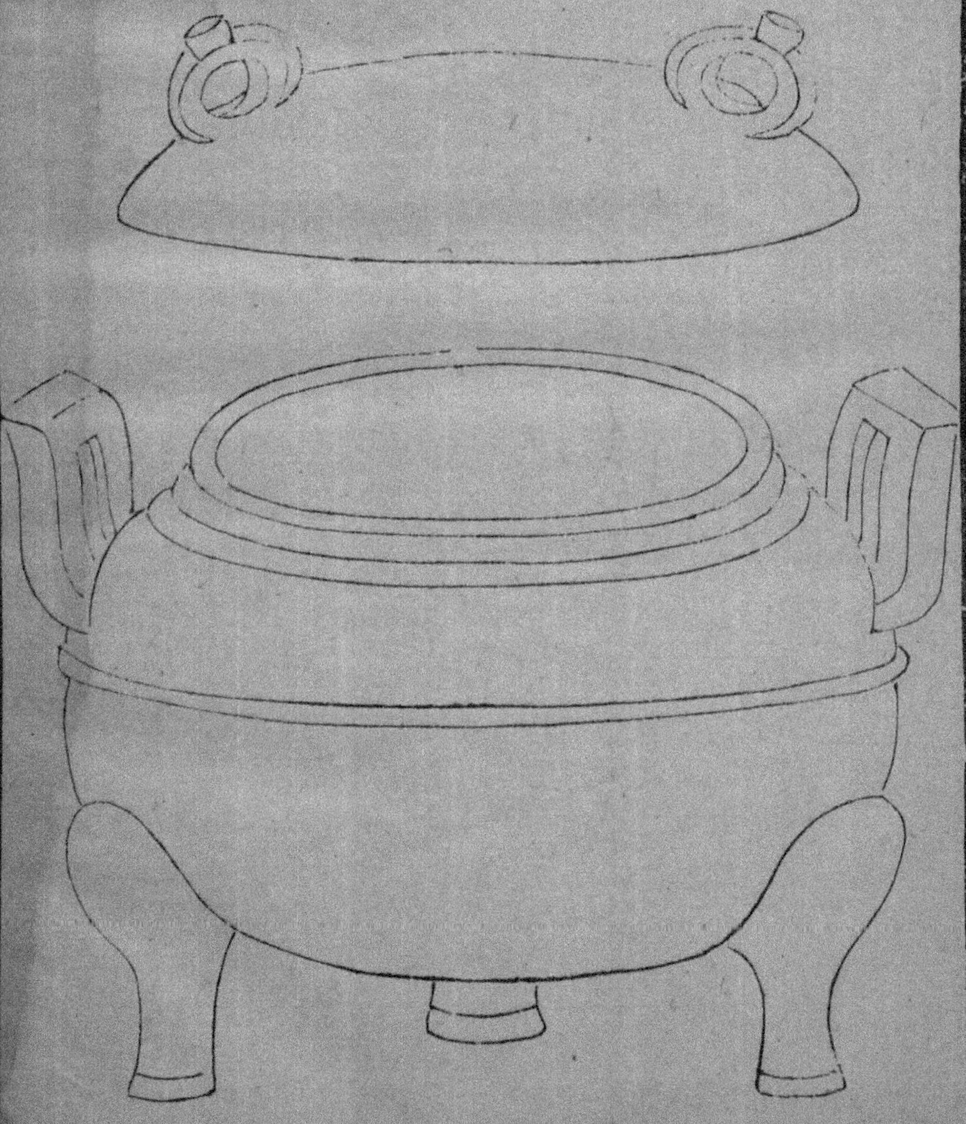

通蓋高五寸耳高一寸八分闊一寸二分深
三寸五分口徑四寸三分腹徑六寸四分容
三升共重三斤十有一兩三足無銘

漢輔耳鼎三

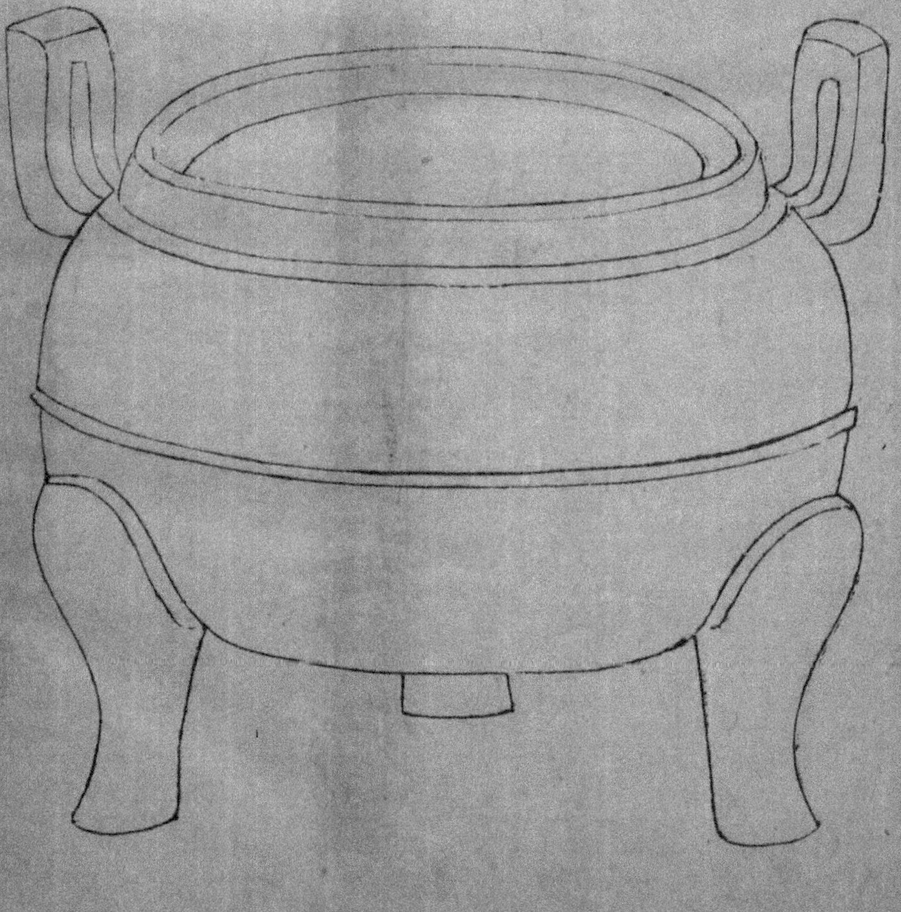

高四寸八分耳高一寸八分闊一寸五分深三寸五分口徑四寸八分腹徑五寸六分容三升四合重三斤一十兩三足闕蓋無銘

漢輔耳鼎四

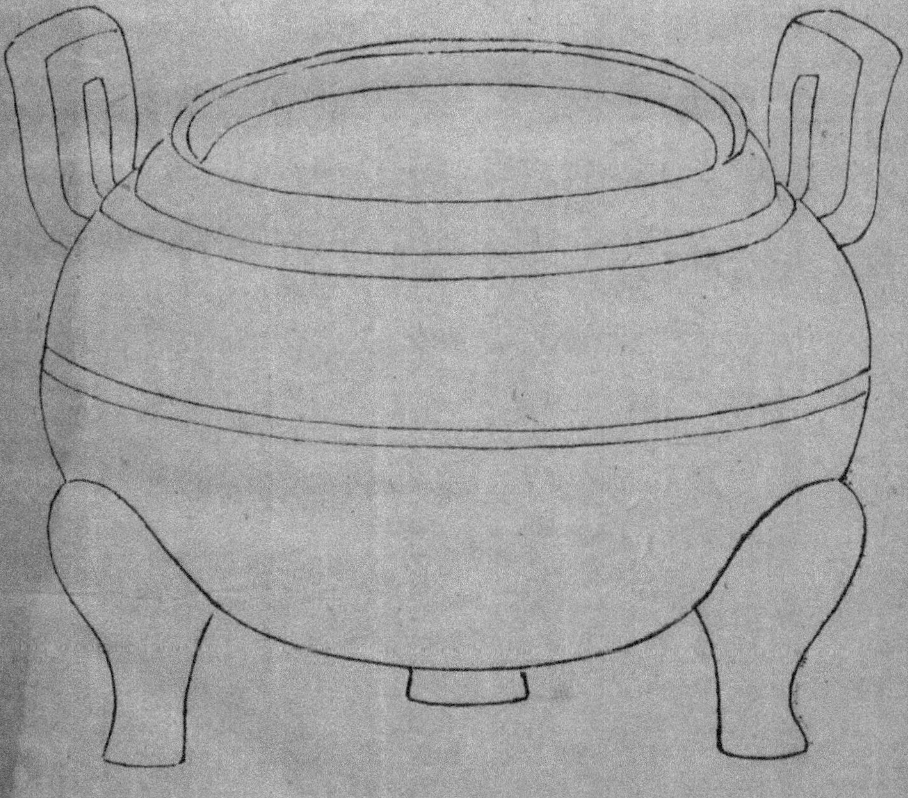

高四寸一分耳高一寸五分闊一寸三分深三寸一分口徑四寸五分腹徑五寸五分容二升五合重三斤十有一兩三足闕蓋無銘

右前二器蓋設三環郤之可以為足與後二器皆無蟲鏤之飾比商器其質有餘但後二器闕其蓋凡漢之鼎器形制類同若好畤供廚鼎銘有曰第八百六十則知非一器也

漢百乳鼎

右通蓋高四寸九分耳圍徑九分深二寸六分口徑六寸一分腹徑七寸容三升二合共重二斤十兩三足無銘是器匾淺若瓿以環為耳殊非古制蓋與器各以三膞為足蓋又貫之三牙可以脗合各周以乳乳形分布蟠虺之間乳有見於致養虺以見於屈伸有時古人尚象豈無意哉特形制漸陋不足以配古也

漢蟠螭鼎蓋

右高一寸八分口徑五寸七分重一十三兩有半無銘頂有提環周回隱起三脊錯以蟠螭内外之紋有類秦鑑又塗以黄金燦然照目觀其蓋亦可以髣髴鼎之形製矣雖不能比肩商周非漢亦未易為也

漢小鼎

右通蓋高一寸五分耳高五分闊二分深八分口徑一寸二分腹徑一寸六分容半合共重三兩三足無銘凡鼎之屬大曰鼐中曰鼎小曰鼒故詩言鼐鼎及鼒言自大以及小也王安石字說謂鼒鼎之有才者蓋大鼐則孕其氣而鼒則小有才而已是器又規倣鼒而為之其小可置諸掌錯金銀為華飾以七寶瑟瑟輝暎其上蓋非食飲之器正恐置之几

格間如研滴之具朕自祖宗以来最為舊物
蔵之府庫有日矣此器一出便覺朕照同類
者製作近於凡陋朕典刑精緻寔非俗工所
能模鑄要之漢室

唐三螭鼎

右通盖高三寸耳高一寸闊九分深一寸二分口徑三寸三分腹徑三寸五分容三合共重一斤二兩三足無銘按此器耳附於外形圜而匾上有三螭以戲于盖足與耳皆為螭形務作奇巧比漢器尤不典殆唐人所造耳

博古圖録考正卷第五

博古圖録考正卷第六

尊罍總説

尊一 一十八器

商 一十四器

辛尊銘三字

父乙尊銘五字

父丁尊銘二字

立戈癸尊銘四字

從尊銘三字

祖丁尊銘五字

兄丁尊銘八字

持刀父巳尊銘七字

總說

在昔三代盛時凡酌獻祼將通用於人神之際故酌獻用於人亦用於神祼將所以禮神亦所以禮人是以尊罍彝舟相為先後而行之然周官冪人先尊以尊尊而彝卑小宗伯先彝以言其用則先彝耳彝用以祼既祼則已尊用以飲飲則必有繼之者故繼之必資諸罍此詩所謂缾之罄矣維罍之恥之義也

於司尊彝之職有六尊言其數復言其名酒正之職有八尊言其數不言其名者蓋八尊所以廣六尊之數也至于罍則一種而已有六罍所以副六尊耳夫尊有六而在周則設官以司之辨其用與其實故有謂之獻謂之象則凡春祠夏禴其朝踐再獻之所用也謂之著謂之壺則凡秋嘗冬烝其朝獻饋獻之所用也謂之泰謂之山則凡追享朝享其朝

醆再獻之所用也若夫爾雅不言尊而曰彝卣罍器也者謂彝卣罍皆盛酒尊意其尊必有罍焉猶彝之有舟此又一家之說也且尊之用於世久矣泰尊虞氏之尊也山罍夏后氏之尊也著商尊也犧象周尊也合而言之總謂之尊彝以周兼四代之禮故皆有之周官言六尊者兼得而用之也捨周官而見於它傳則分而言之故有所謂上尊曰彝中尊

曰卣下尊曰壺凡以彝之爲常也故曰上尊

而已在商之世以質爲尚而法度之所在故

器之所載皆曰彝至周之文武制作未備商

制尚或存者則尊彝之銘間未易焉今召公

尊文考尊皆周時器而亦謂之彝蓋本諸此

商持刀父癸尊

博古六 五

孫持刀父癸形

右高九寸二分深八寸口徑七寸八分腹徑七寸五分容六升重七斤十有二兩銘三字是尊狀觚形而所容則倍之設飾雖華而字畫極古銘之父癸癸者成湯之父號且銘者自名自名以稱揚其先祖之美而明著之後世者也故於父癸而言孫者亦自名之而已所謂身比焉順也者是歟

商祖戊尊

作祖戊尊彝

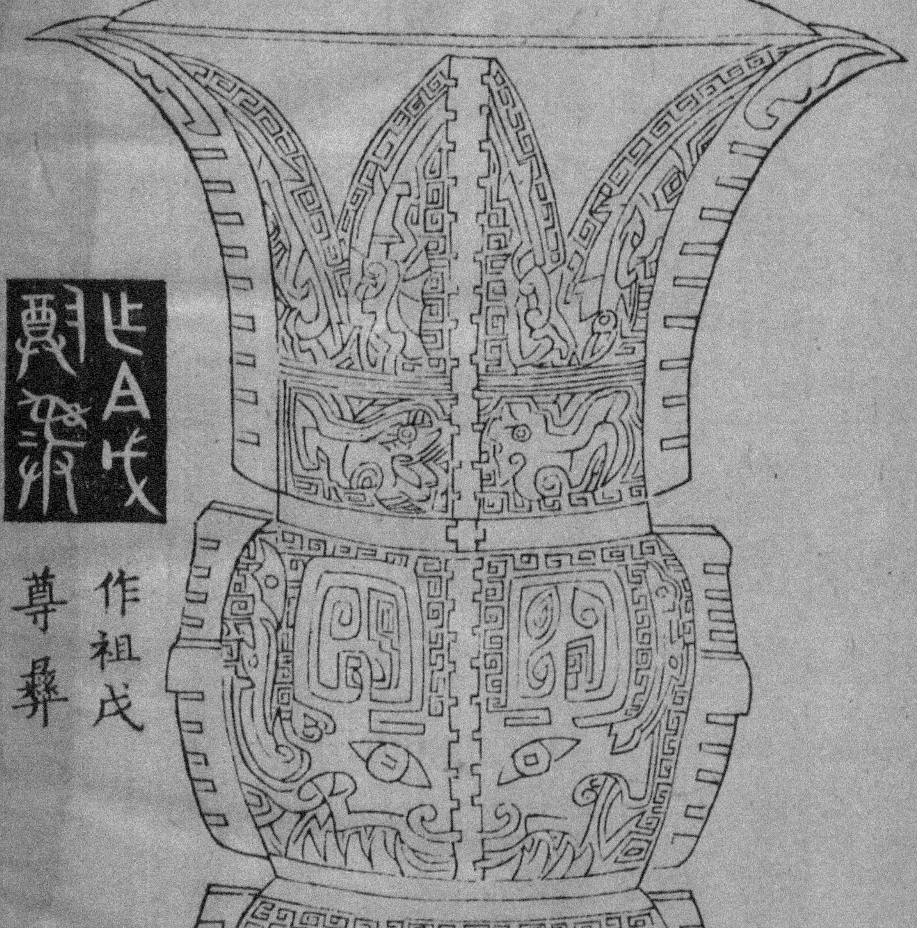

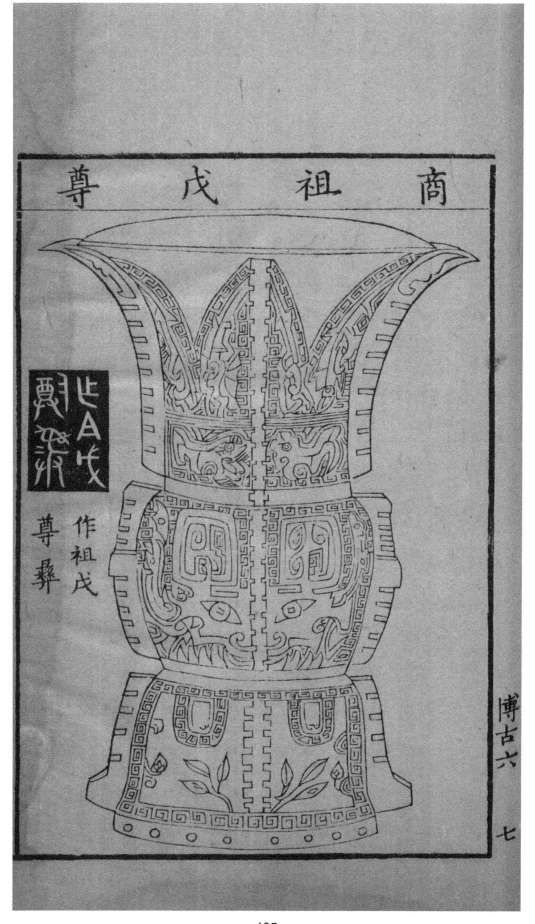

右高一尺一寸七分深八寸六分口徑八寸三分腹徑四寸容五升八合重八斤五兩銘五字此尊為太戊作不書名尊其祖也太戊之廟在商稱中宗蓋九世君也是器字畫位置不拘於偏旁之陋或左而右或右而左點畫或繁或省故以且謂之祖𢍜謂之尊而純質未鑿於世俗之習渾厚端雅若有道之士觀是器者豈不改觀歛衽耶

商蜼尊

蓋

五

器

周作父乙尊彝蜼形

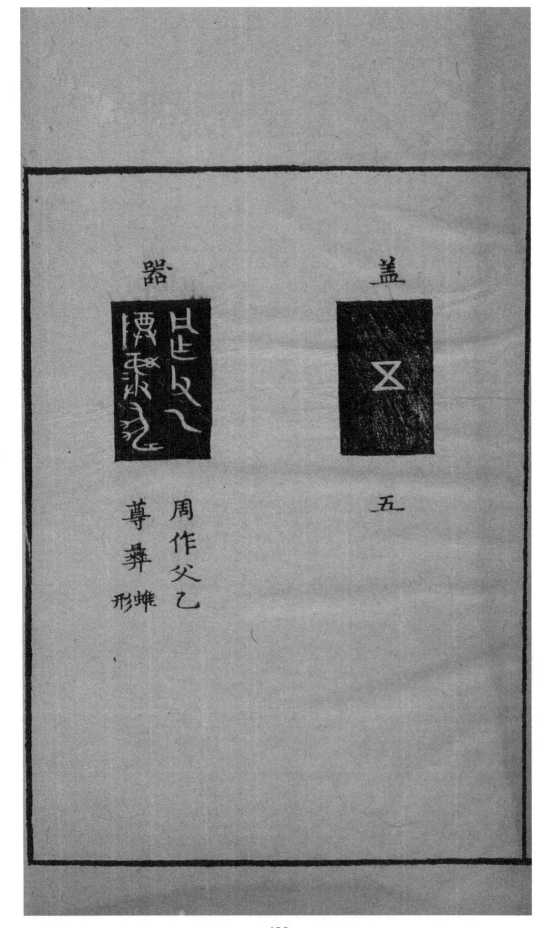

右通蓋高六寸二分深四寸一分口徑三寸
三分腹徑三寸五分容一升一合共重一斤
二兩蓋器銘共八字周官謂四時之間祀追
享朝享裸用虎蜼彝皆有舟其朝踐用兩大
尊今尊也而以蜼豈非商之蜼彝所配之尊
耶今考禮圖蜼彝之制蜼尾長數尺似獺尾
末有歧是器款識旁刻獸形其尾長而末有
歧正蜼也蓋銘曰五紀其器之數曰周作父

乙者盖商有太史周任乙则商之君名乙者
也岂非作之者周任耶

商父己尊

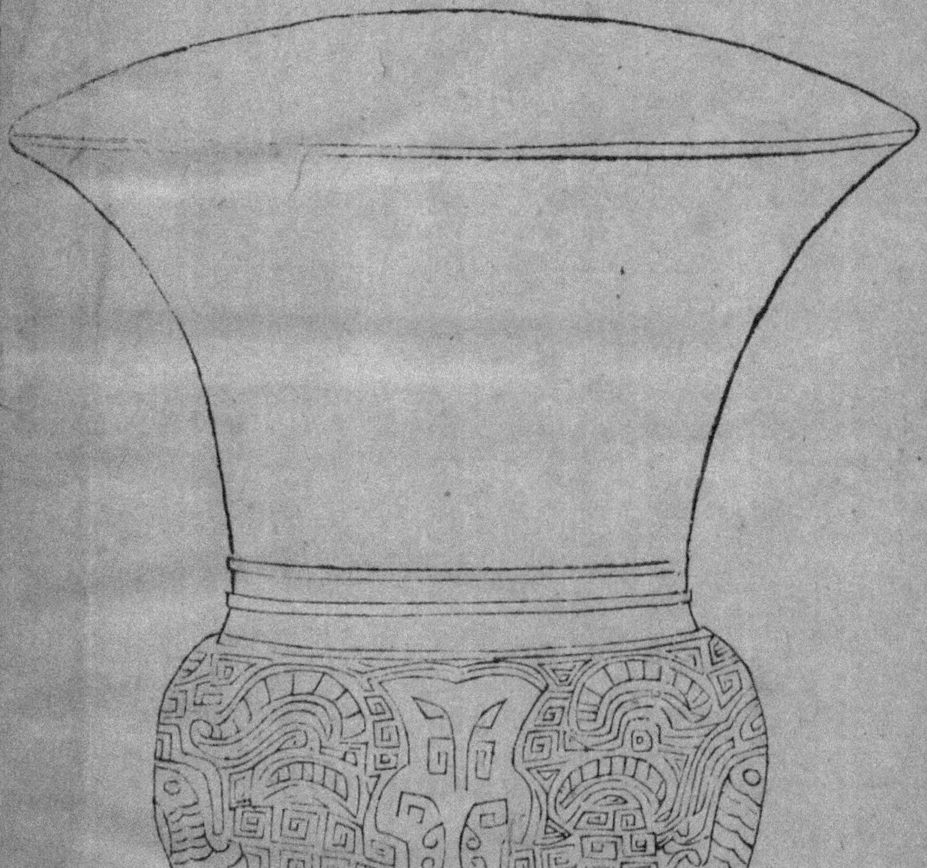

象形鬲字父己

右高八寸六分深七寸口徑六寸六分腹徑四寸八分容三升二合重三斤十有二兩銘三字上有畫作鬲狀夫鬲炊器也尊以盛酒而取銘於鬲者王安石謂鬲空二足氣自是

通上下則爲之爲用欲其通而已用爲識尊凡欲交通而無間耳曰父已者商之雍已也凡器之銘有曰祖曰父曰伯曰叔各因其人而銘之也爲作畫形殆河圖洛書之遺意非書家八法所可議也

商辛尊

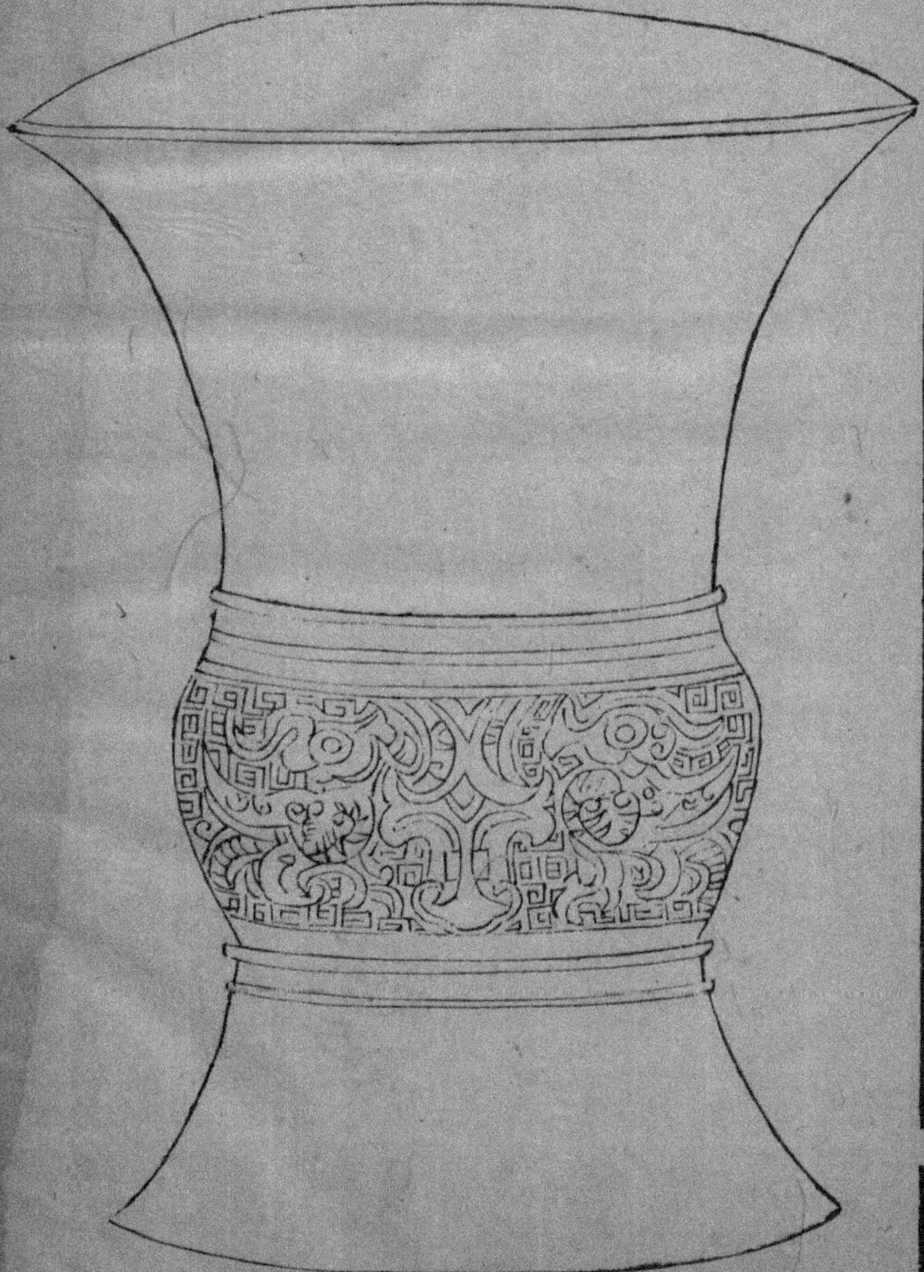

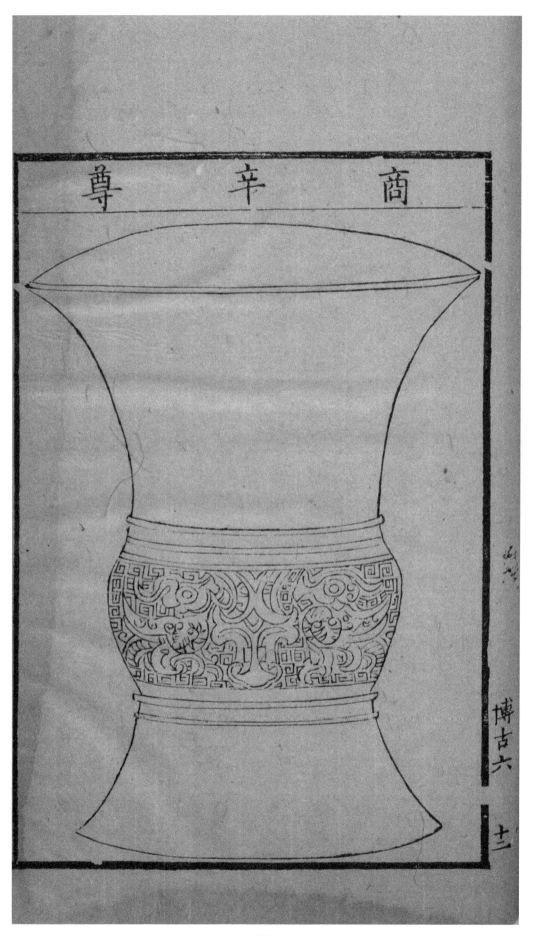

亞人辛

右高八寸五分深七寸口徑六寸八分腹徑三寸七分容三升一合重三斤銘三字曰亞者次也或主於獻或主於器蓋未可以定論也商之君以辛名者多矣曰祖辛曰小辛曰

廩辛而此言人辛者按商立戈癸尊其銘亦稱曰人則人辛者乃商君之號辛者耳且此君也而謂之人蓋二帝而上體天以治人故謂之帝帝也者天道也三代而下修人以奉天故謂之王王也者人道也故記禮者稱商曰商人周曰周人者蓋如此觀是器不銘功不載誓宜其後世泯滅而無聞矣今也千萬世而下人得而想見之此所謂其人亡而其

攷存者類矣且夫攷存猶淂而考之矧乃託之金石而禮之所藏正在於是則考之固不謬矣

尊乙父商

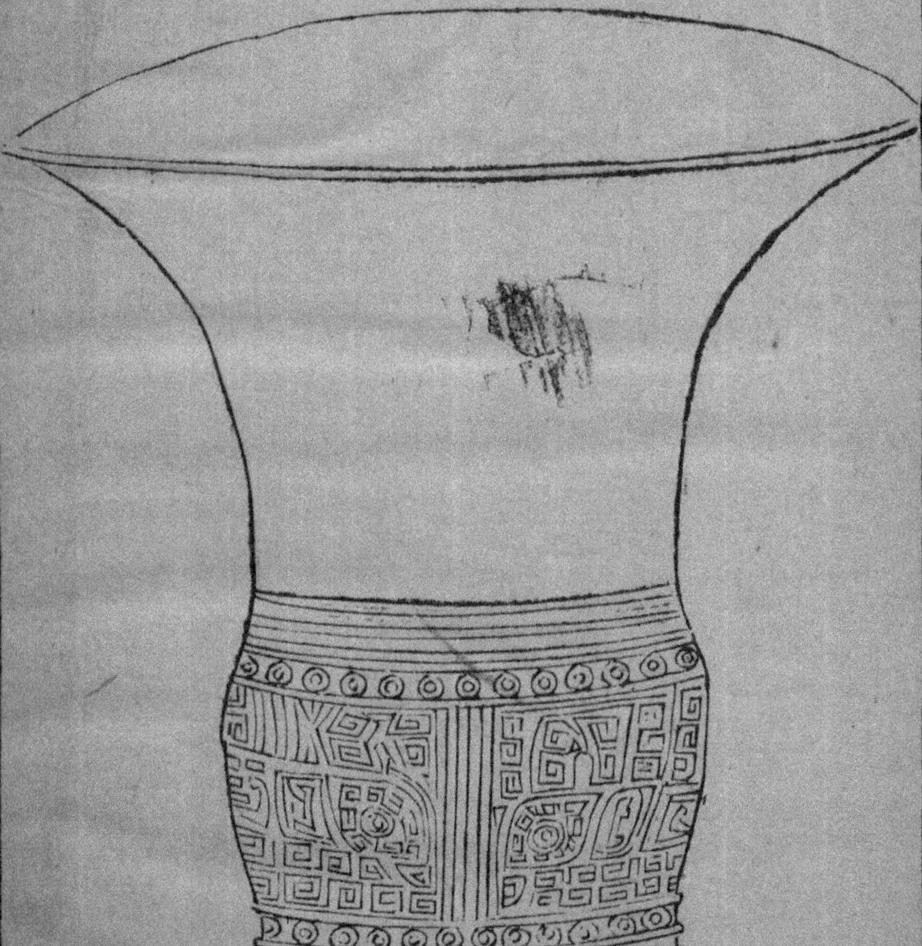

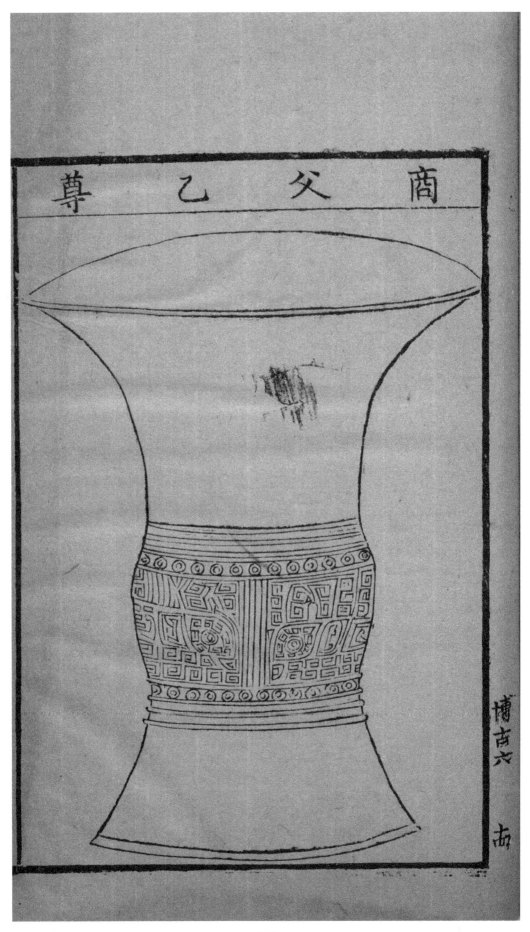

孫冊冊父乙

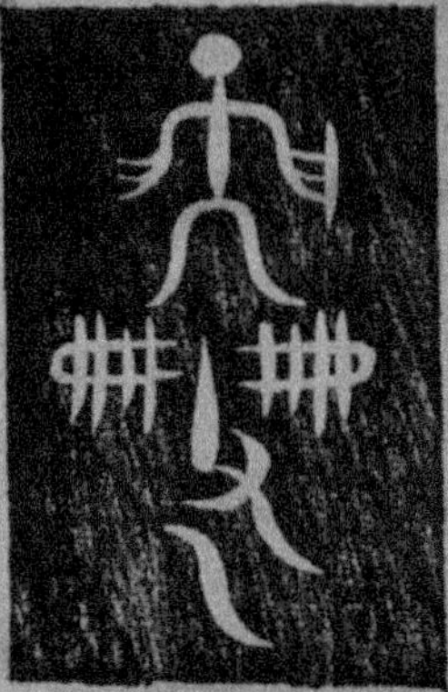

右高八寸八分深七寸口徑六寸八分腹徑四寸五分容三升重三斤十有二兩銘五字

凡人君錫有功必為冊書以命之此孫為父乙作而亦曰冊冊者蓋為孫者有勤王之功焉

然後得作彝器而銘之祖此所以言冊命也既謂之孫其視乙也當尊爲祖而此曰父者蓋祖考雖殊謂之父則一所謂大父者是也夫商以乙爲號者六曰執乙曰天乙曰祖乙曰小乙曰武乙曰太乙而父乙者未知其爲何乙觀其刻作兩冊切於形似非尚質無以及此若夫周人務爲簡約而忽於取象爲𠕋冊之形雖有内史策命之臣以掌之而商之

純古故已變矣

商父丁尊

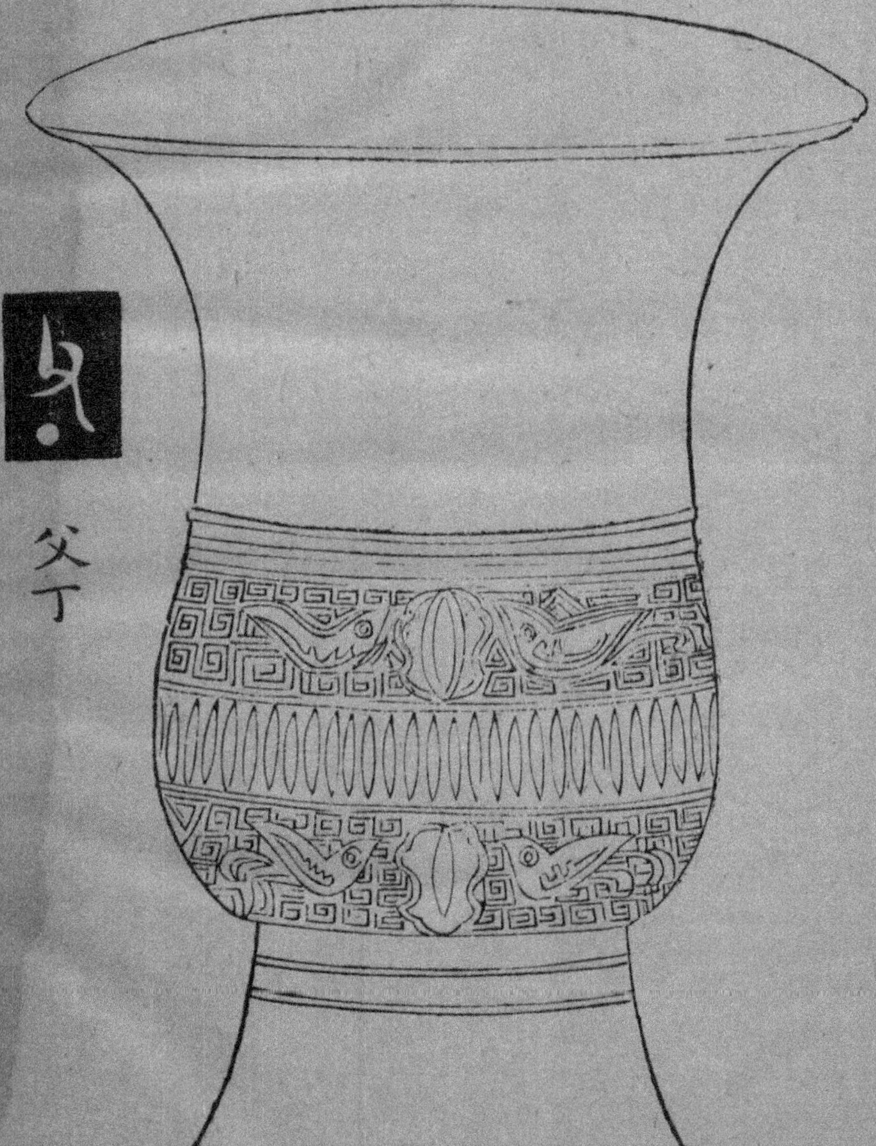

父丁

右高八寸三分深七寸口徑六寸七分腹徑四寸容三升六合重三斤九兩銘二字父丁作是尊特載銘而不侈其文商世質有餘故宜如此純是皆素當中為從理即兩端分寫夔龍形若相追逐以為先後色幾渥赭而緑花萍綴其古意最為觀美與商父乙尊無異也

商立戈癸尊

立戈形
人
癸

右高八寸九分深七寸六分口徑六寸九分腹徑四寸一分容三升九合重四斤八兩銘四字文飾甚簡而腹閒有雲雷之狀上一字作立戈形王安石云戈從一不得已而用欲

一而止今尊酒器也而畫立戈之狀不特如鼎之節飲食又欲一而止之不至於流湎也故凡酒器制字之義必示其戒曰人癸則謂商之主癸也主癸子天乙是為成湯乃知是尊為湯宗廟孝享之器明矣於癸曰人癸蓋與辛尊言人辛之意同

商從尊

作從單

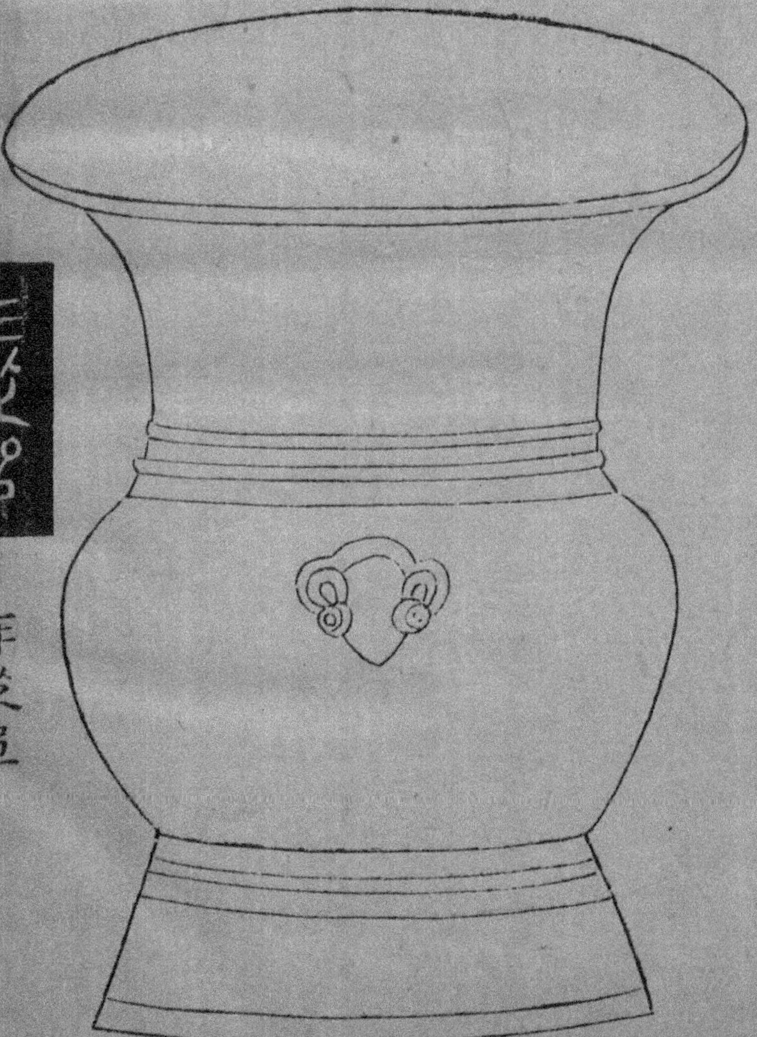

右高六寸三分深五寸一分口徑五寸四分腹徑三寸五分容二升二合重一斤九兩銘三字曰作從謂從器也曰單謂姓也周之單族最為大姓則知其原有出於此蓋昔人作器有以名姓書諸銘文之上者如曰單作從彝有以名姓書其下者如曰甚作父戈寶尊沈子與夫此器曰作從單皆以姓書其下也商之時尚質故其語畧耳

商祖丁尊

孫立旗作祖丁

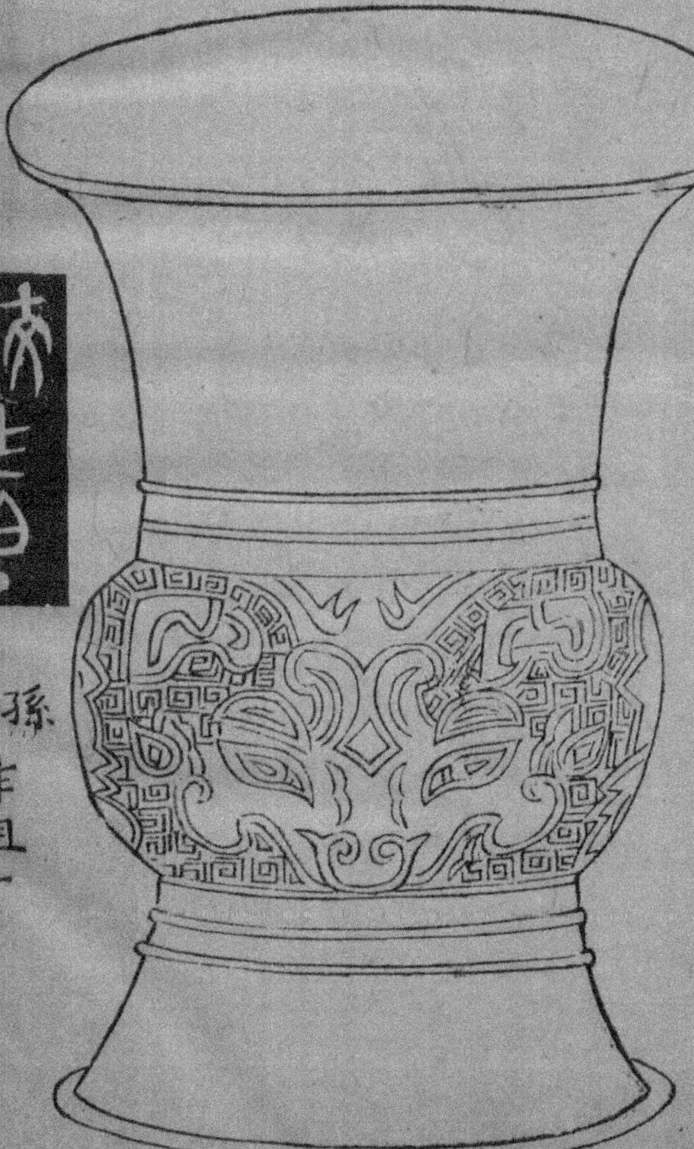

右高八寸三分深六寸九分口徑六寸四分腹徑三寸五分容三升重二斤銘五字曰孫作祖丁旁一字畫旗狀商畫類取諸物以為形此作旗亦取其書功太常之義銘孫者蓋孫可以為王父尸而是器又知其為祭享之用祖丁者商祖辛之子觀其器質渾厚文鏤純簡知所以為商物故不待考其銘載而後辨也

商兄丁尊

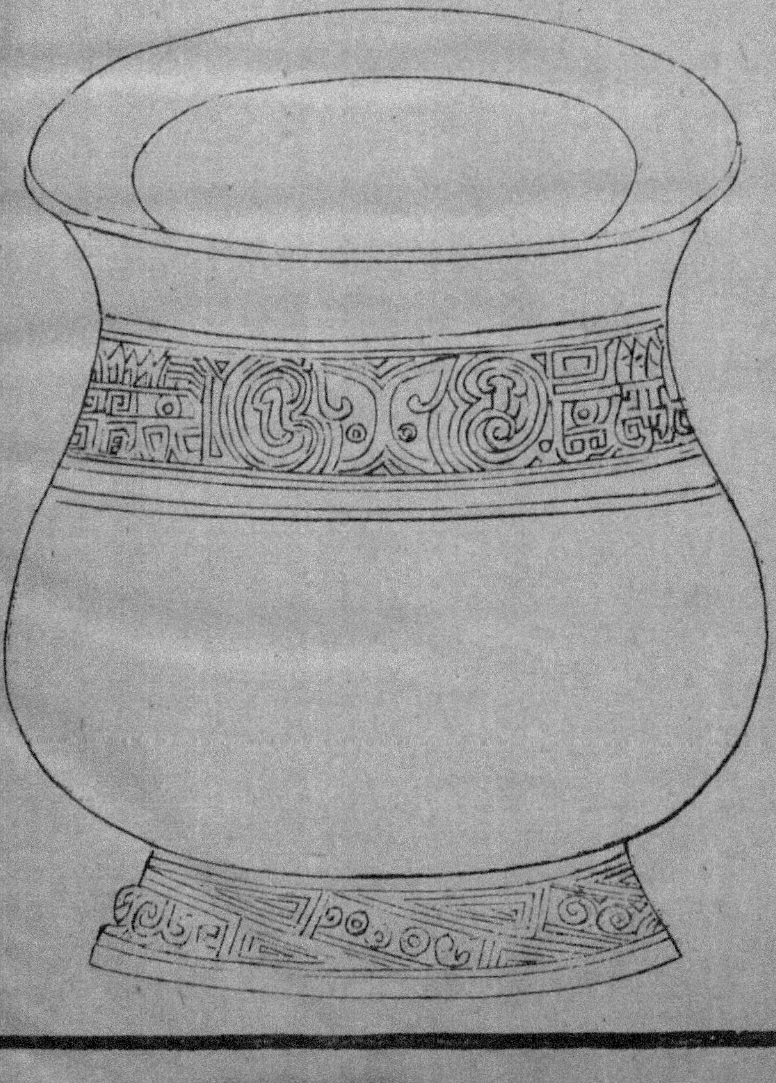

蓋

兄丁大雞

器

音釋同前

右通蓋高七寸二分深四寸六分口徑長四寸二分闊三寸七分腹徑長四寸六分闊四寸容二升一合共重二斤十有五兩蓋器銘共八字曰兄丁大其一字作雞形銘兄丁者

當是其弟為兄作此尊也按商有沃丁仲丁武丁庚丁太丁之别朕以兄弟傳國者獨有太庚外壬而太庚之兄曰沃丁外壬之兄曰仲丁蓋不知其太庚與外壬作也銘雞者按周官司尊彝六彝有雞六尊無雞此尊也而以雞銘之者恐商之世其制未分耳周之禮樂庶事備則於是尊彝析而為二焉以理求之則尊與彝是或一道也

商持刀父己尊

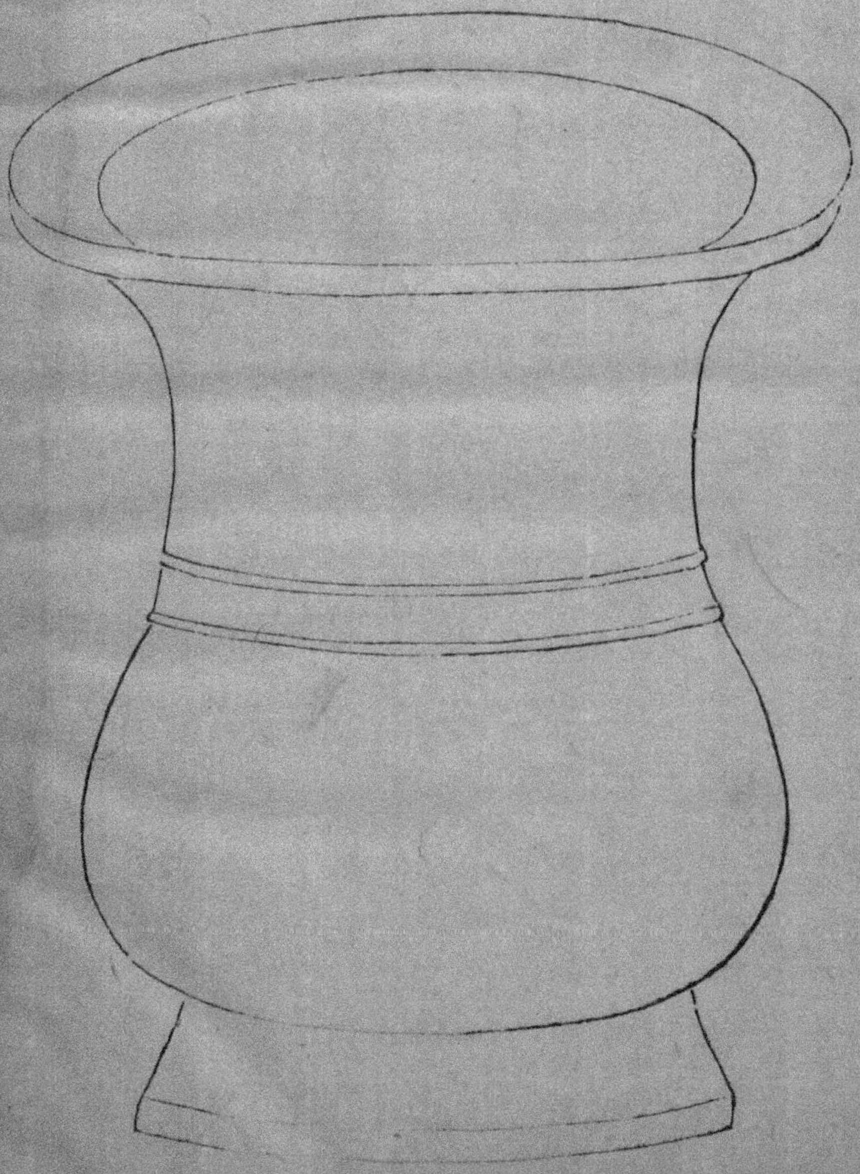

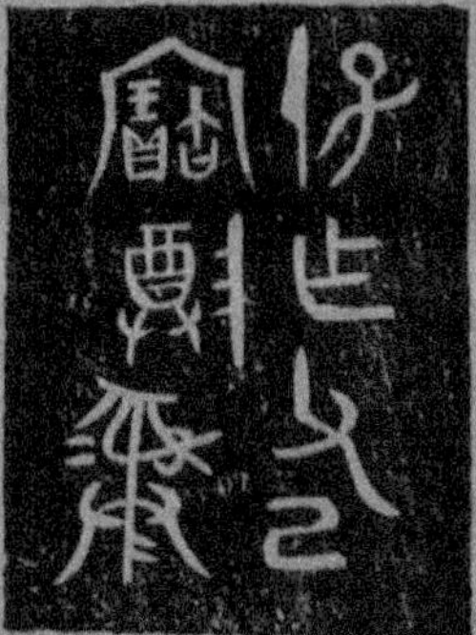

子持刀作父巳
寶尊彝

右高六寸四分深五寸六分口徑六寸一分
腹徑四寸容二升有半重二斤三兩銘七字
曰作父巳寶尊彝其上復作子字狀持刀形

盖商器固有執戟荷戈與此持刀之狀者豈其者定武功而後世享于宗廟者必銘諸器如樂之武舞也父已者雍已也雍已之子是為太戊為其父作是器耳猷而商器復有曰祖已者又因其孫而言之盖莫不有謂也商尚簡嚴故其詞如此

商諫尊

○諫作
父巳尊彝

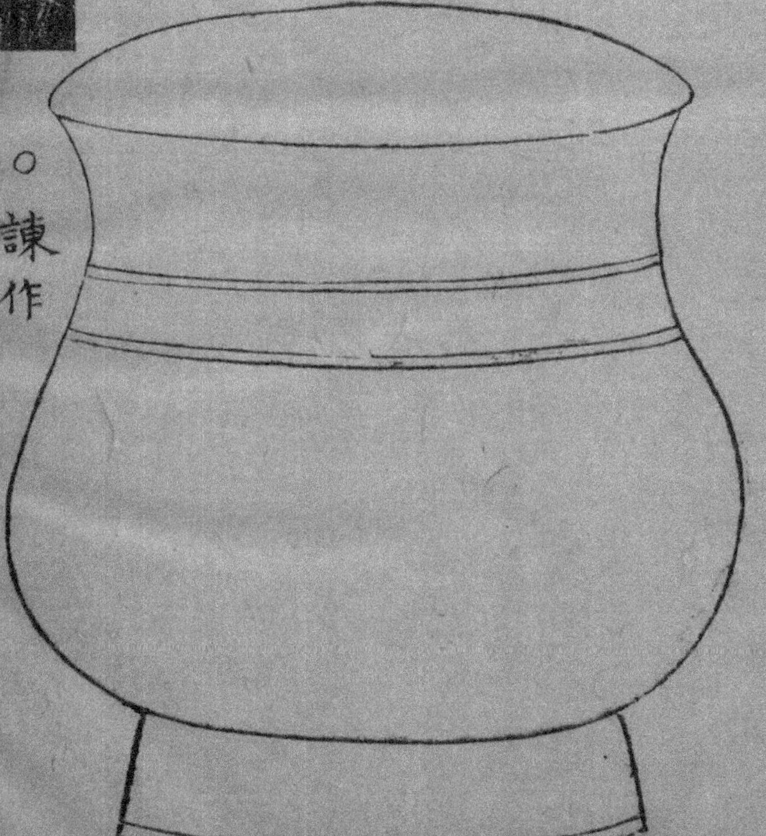

右高三寸八分深三寸一分口徑長三寸四分闊二寸七分腹徑長三寸八分闊二寸容八合重十有二兩銘七字上一字未詳曰諫作父已尊彝諫當是其父已之子名言諫得以作是器以薦于考廟也肰是器在尊為特小比觶則加闊而不類且歸之尊者以其形制則肰又其銘曰尊彝也豈徃古彝器亦固有小大輕重之別闕四字之所享歟

商龍鳳方尊

博古六 廿六

右高九寸八分深八寸一分口徑五寸六分腹徑七寸四分容一斗四升六合重一十斤無銘是器尊也製造純古其上爲龍首四稜爲鳳形周以雲雷蓋龍以取其升降自如鳳以取其因時隱顯雷取其奮豫雲取其需澤飲食燕樂而節文之禮有在其中其狀近類方壺蓋周官尊有六而饋獻用兩壺尊故下尊亦有闕一字謂壺者是尊所以比他器而方者

其取象於壺制焉
王黼曰龍鳳方尊製作純古其上為龍
角虬肰下卷四廉為鳳遍鏤黃目饕餮
雲雷之文蓋商器也

周月星尊

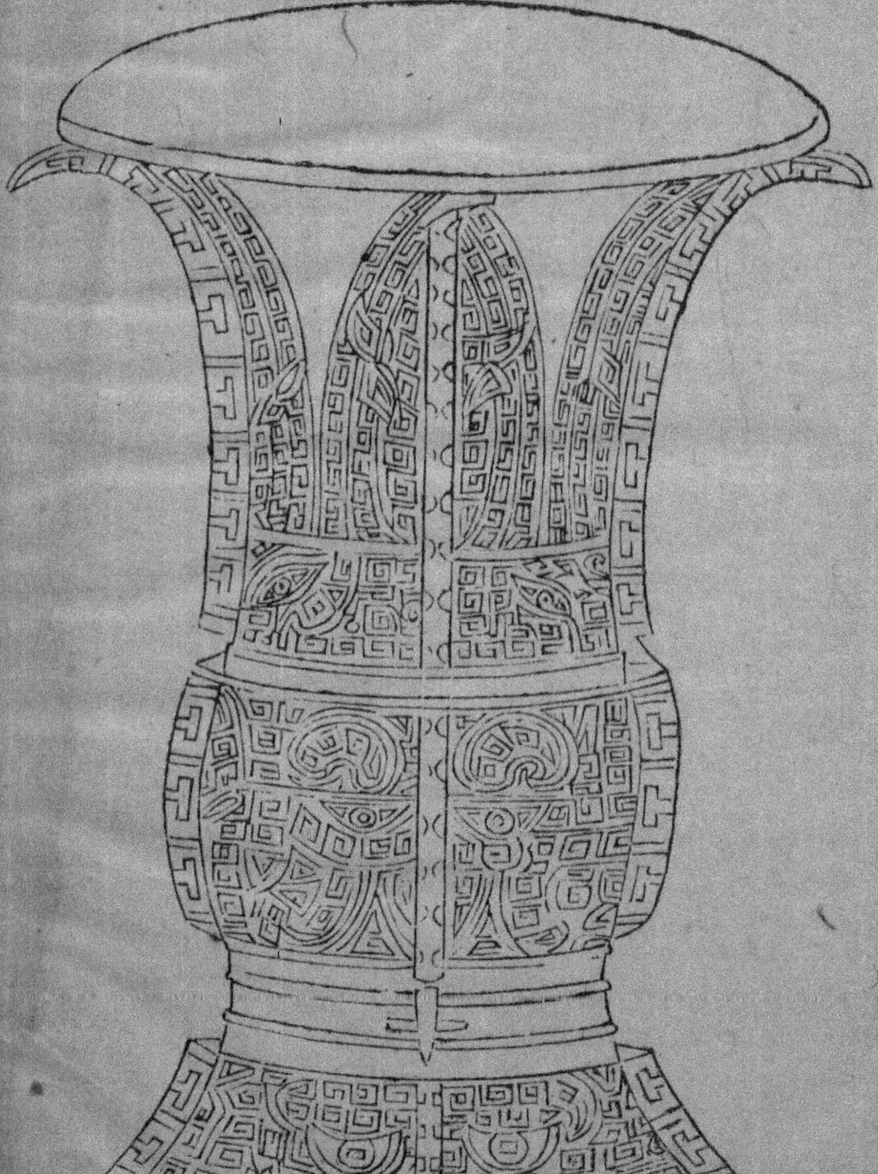

月

○星○

右高一尺二寸五分深九寸一分口徑七分腹徑二寸七分容三升三合重五斤八兩銘四字作月星狀而上下為禾稼之形攷周官司尊彝祼用斝彝禮圖以斝讀為稼而以禾

為飾此尊也疑祭饗之禮昔人所嚴而六尊用於祭饗者自有定名也若夫祭饗之外或用於講禮示情文之際則亦無所不致其義月有遡明之道星有拱北之理禾有養人之實凡取以為飾者當以是為義焉蓋銘之斯所以戒之也 按薛尚功亦作月季尊

周召公尊

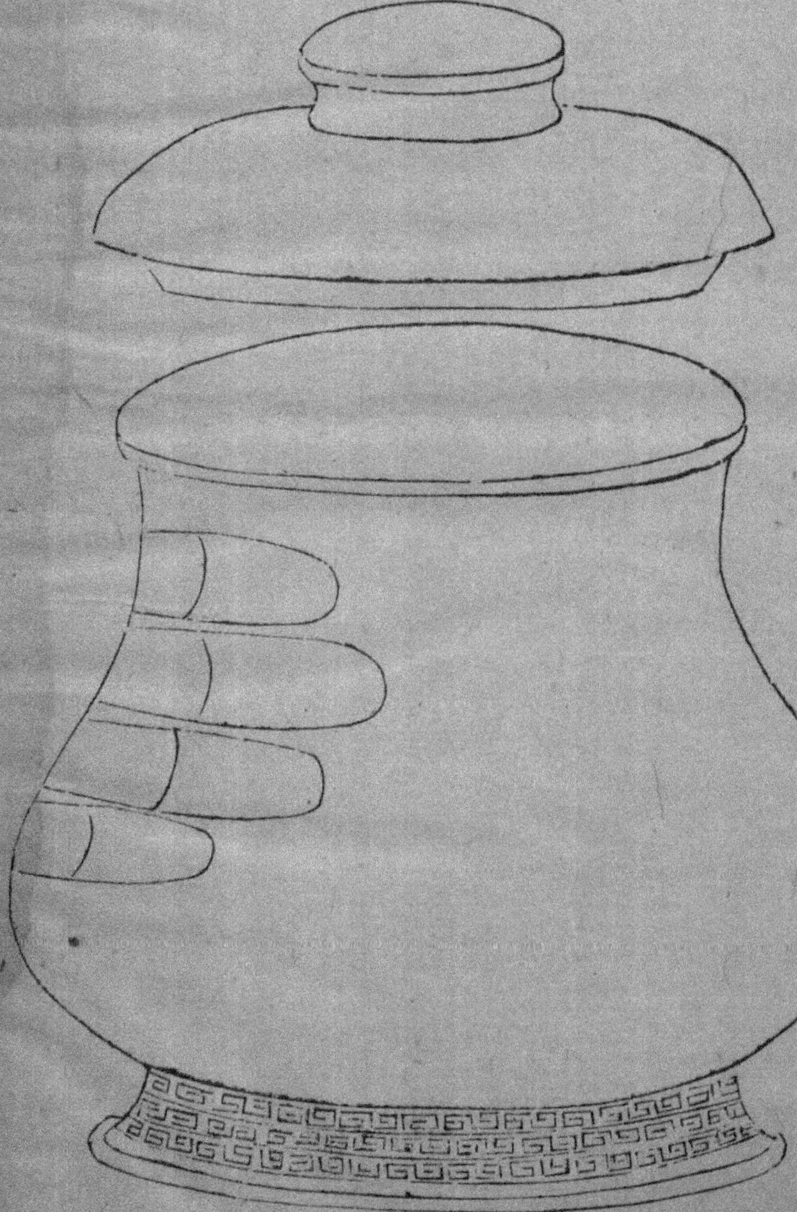

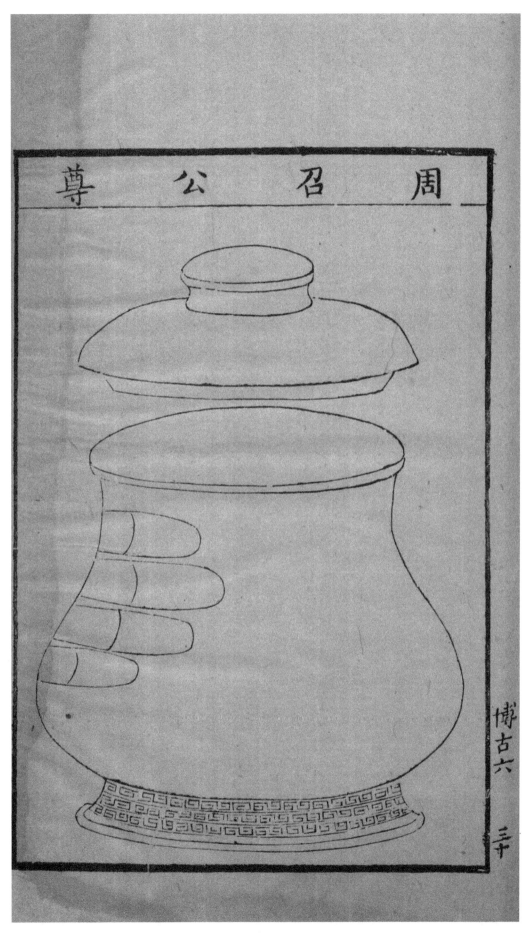

蓋

器

音釋同前

王大召公族于庚辰旅王錫中馬自貢侯四駪南宮。王曰用先中埶王休用作父乙寶尊彝

右通蓋高六寸七分深四寸一分口徑長四寸五分闊三寸八分腹徑長五寸四分闊四寸二分容一升七合共重二斤有半蓋器銘

共七十二字內一字未詳按召公奭在成王
時作保封于燕其國僻小不通諸夏至簡公
巳二十九世乃𠫤諸侯又十一世而燕始亡
此器乃周王褒大召公之族于其廟之器也
又旅陳其王所錫之馬駛駛衆多也錫馬蕃
庶駛于南宮南宮𠙚廟也此所謂褒大之也
乙者父之名王褒大于廟為其父作此寶器
乃周家召公子孫之酒彝也古人恭慎凡酒

器執之恐墜觚亦酒器也為稜以礙手狀如
今之屋脊故後人以屋脊謂之觚稜者是也
此彝有五指痕執之而不墜失以示其謹於
禮今此指痕以蠟為模以指按蠟所成也其
曰王大出字當為召又疑作見字蓋象形之
意古文馬作彯而文駡字傍作綤此小異變
體爾其間王字下畫差重蓋尊主有土之意
諸鼎敨中王字多如此或大於別字

周高克尊

唯十有六年
十月既生霸
乙未伯太師
錫伯克僕山
夫伯克敢對
揚天佑王伯
友用作朕穆
考後仲尊高
克用丐眉壽
無疆克、克其
子、孫、永寶用享

右高一尺五寸五分深一尺三寸三分口徑四寸六分腹徑一尺容二斗二升有半重二十一斤兩耳連環銘五十八字曰克敢對揚天佑用作朕穆考後仲尊高克用丐眉壽高克者不見於它傳惟周末衛文公時有高克將兵後卒奔于陳疑克者迺斯人歟若爾則是器蓋衛物也其曰作朕穆考則又言宗廟之制也蓋天子有三昭三穆與太祖之廟而

七諸侯有二昭二穆與太祖之廟而五至於言考則不特止其父而已故謂其大父曰王考謂其曾祖曰皇考謂其高祖曰顯考此其言穆考之法也周室至於春秋諸侯分裂之時其世雖衰而至於典刑文物者尚在於是一言有如此者

周師艅尊

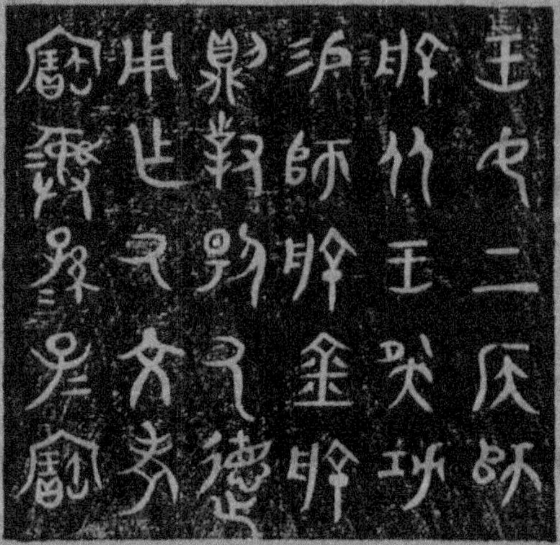

王汝上侯師
艅從王夜功
錫師艅金艅
則對揚乃德
用作乃文考
寶彝孫〻子〻寶

右高六寸七分深六寸五分口徑六寸三分腹徑三寸八分容二升六合重三斤六兩銘三十二字曰汝上侯者上侯猶上公以言其官曰師艅以言其人師艅既有王功於是王乃錫艅金而俾作彝以薦家廟故又曰錫師艅金艅則對揚乃德用作乃文考寶彝其言文考與詩言文人同字書德從行而此器从彳盖德出於道從彳亦篆籀之本意由此於

金石遺文每得以攷正其字畫之謬

博古圖錄考正卷第六